NIKKEI BUNKO 日経文庫

製品開発の知識

延岡健太郎

日本経済新聞出版

まえがき

製品開発が企業経営の中で重要な位置づけを占めていることは、誰もが賛同することでしょう。利益を重視する経営が強く求められている近年では、付加価値の源泉として、新製品開発の役割が一層大きくなっています。しかし経営学の中で今のところ、製品開発の理論体系が十分に築かれているとはいえない状態です。経営学の世界をリードしている米国のビジネススクールでさえ、製品開発のクラスを必須科目として設定している所はほとんどありません。

ただし、製品開発が教えられていないのではなく、その理論が組織論、戦略論、マーケティング論などに散らばっていることに理由があります。つまり、経営学において製品開発は学際的な応用分野であると考えられてきたのです。しかし企業における重要性を鑑みると、製品開発を一つの知識体系としてまとめることが必要だといえるでしょう。本書は、その試みの一つとして書かれたものです。

本書は、製品開発の鍵を握る戦略的・組織的な本質を体系的に、しかもわかりやすく説明するものです。事務系から技術系、新入社員からベテランまで広い範囲の読者を対象として考えています。長年、製品開発に従事してきたベテランの方には、キーポイントを考え直すための視点、および日ごろ直面する課題に取り組むためのヒントを提示しています。新たに製品開発の業務を勉強したい方は、本書によって製品開発とは何か、その本質を体系的に理解することができるはずです。

本書の特徴は二点あります。第一に、製品開発の方法そのものよりも、考え方に焦点を当てていることです。製品開発の知識には二種類あります。一つは、製品開発を進めるための手順やツールのような、一種のマニュアルと呼べるような知識です。「Ｈｏｗ」に関する知識ともいえるでしょう。もう一つは、製品開発の組織や戦略の基礎となる考え方やロジックに関する知識です。これは「Ｗｈｙ」に関する知識ともいえます。本書は、どちらかといえば後者を中心に構成されています。それは次のようなスタンスに基づくからです。

製品開発の現場では、マニュアル的な知識よりも深く考えるための基礎となる知識の方が重要になります。というのは、製品開発は最も創造的であり、しかもその成否に関しては不確実性の高い業務だからです。つまり製品開発のプロセスとは、マニュアルに沿って一本の決められた道をたどるというよりも、紆余曲折（うよきょくせつ）を経ながら様々な問題をその度に解決していく過程なのです。このような特質のために、製品開発の管理に対して、単一のマニュアルや定石が果たす役割は必ずしも大きくないのです。またマニュアル的な知識だけで開発できるような製品では、競争力の高い新製品には結びつきません。そのような意味からも、深く考えるための基礎となる知識がより重要になるといえるでしょう。

本書の第二の特徴は、ヒット商品を狙った製品開発という視点よりも、いかにして製品開発に優れた組織能力を構築するのかという視点を重視していることです。

たしかに、製品開発においては個々の製品の成否やヒット商品が話題になります。しかし、ヒット商品を出した企業が持続的な競争力を持っているとは限りません。実際には、単発の成功で終わってしまい、その後は壁に直面する企業が多いのです。サッカーや野球のようなスポーツでも、ある試合で勝ったチームが必ずしも強いチームではないのと同じです。重要なのは、一つの試合の勝ち負けよりも、強いチームをつくることです。

本書でも同様に、単発的なヒット商品よりも、製品開発に関して強い企業やその条件について着目したいと思います。この点は、本書が「商品開発」ではなく「製品開発」に焦点を当てているゆえんでもあります。

製品開発は創造的で夢のある経営分野です。しかしそれだけにマネジメントが最も難しい分野でもあります。本書によって少しでもその難しさの本質を理解してもらい、それを打開する方策を考えるうえで役立ててもらえることを願います。

二〇〇二年九月

延岡 健太郎

目次

目　次

用語解説

COFFEE BREAK

I 製品開発の本質

●製品開発には、①資源を最大限に活用して、経済的な価値を創造する（短期）、②新たな製品を開発し、新市場を開拓するとともに技術力を蓄積し、企業の将来を担う（長期）、という二つの役割があります。
●製品開発のマネジメントが難しいのは、①効率性と創造性のバランス、②不確実性が高い、③大規模で複雑な技術と組織の運営などの課題があるからです。
●製品開発で企業の競争力に差がつきます。優れた製品開発を実現できる企業は、技術力、組織プロセス能力、価値創造能力で秀でています。

製品開発は製造業の存在意義そのものといってもよいでしょう。製造業では製品を販売することによって売り上げや利益のほとんどを得ます。また、企業の社会的なイメージも製品によってつくられます。製品開発の成否によって、企業の成長や存続までも決まってしまうことが少なくありません。したがって製品開発は、製造業にとってきわめて重要な活動なのです。

しかも同時に、そのマネジメントは最も難しい活動でもあるのです。製品開発では、何を開発するのか（Ｗｈａｔ）、なぜそれを開発するのか（Ｗｈｙ）、どのようにして開発するのか（Ｈｏｗ）、という三つの面すべてにおいて、きわめて複雑な意思決定とマネジメントが必要です。そのため企業は、製品開発に関して、これらの考え方を常に問い直し続けることが必要です。しかし多くの企業では製品開発が日常業務化してしまい、改めて問い直す機会が少なくなっているのが現状です。

そこでこの基本に立ち戻るために、まず製品開発の本質について、その役割、特徴、競争力の源泉などを考えていきましょう。

1　製品開発の役割

製品開発には、短期的な役割と長期的な役割の二つがあります。それぞれを「価値創造の役割」と「企業の将来を担う役割」と呼ぶことができます。これら両方の役割をうまく相乗効果を持たせながら果たすことが重要です。一方が他方を犠牲にしてはいけません。

(1) 価値創造の役割

企業の目的は、資源を最大限に活用して、できるだけ高い価値を創造することです。製造業に関していえば、購入してきた材料を製品に変換するときに、どれだけの価値を加えられるかということです。ここでいう価値とは、基本的には市場で決まる価格と捉えてください。つまり、一〇〇円で購入した材料から独自の設計によって紙飛行機を製作し、それが市場で五〇〇円で売れたとすれば、四〇〇円の価値が新たに生まれたことになります。これを「付加価値」と呼びます。製品開発の役割は、企業の最大の目的である付加価値の増大化に貢献することです。

付加価値創造の源泉には次の三つがあります。①顧客にとって高い価値を提供すること、②それを低いコストで実現すること、③競合企業に対する優位性を確保することです。これらを実現するためには、企業の様々な活動の中で製品開発が中心的な役割を果たさなくてはなりません。むしろ、製造企業が創造できる付加価値の大きさのほとんどが、製品開発によって決まってしまうほどです。それは次のような理由からです。

第一に、顧客にとって高い価値を持った製品を提供するという点で、製品開発の役割が大きいのは当然のことです。不良品をつくらないことや営業、サービスももちろん大切ですが、顧客に満足を提供するうえで最も大きな役割を果たすのは、製品の機能や利便性、使うことの楽しみ、所有の喜びなどです。開発・設計の過程においてこそ、そのような価値をもたらす創造に満ちたアイデアが詰め込まれていくのです。

第二に、コストについてはどうでしょうか。製品の製造コストにとっては、工場での生産効率もたしかに重要です。しかし設計が悪ければ、生産段階でのコストダウンにはおのずと限界が生じます。というのは、部品の構成や材料、そして製造方法の多くが設計に依存しているからです。つまり、製造段階では、決められた設計を前提としたコスト削減しか見込めないのです。したがって、コストについても、製品開発段階でほとんどが決まってしまうといえます。

第三に、競合企業に対する優位性についてです。ここで注意すべきは、優れた製品を低コストで開発したからといって、製品の価値が決まるわけではないことです。というのも、製品の価値は最終的には市場の競争環境によって大きく影響されるからです。多くの競合企業が同じような製品を提供している場合には、その製品の価値は下がります。

製品の価値は、希少性と強い関係があります。価値を高めるのに最も効果的なのは、製品に競合製品とは異なる際立った特徴を持たせることです。例えば、特徴のない自動車やパソコンは、値引きしないと顧客はなかなか買ってくれません。逆に、人気の高い製品があまり値引きをしなくても済むのは、顧客がそれだけ競合製品にはない価値を認めているからです。特徴を創るために、中心的な役割を果たすのは、やはり製品開発です。

なお、このようなかたちで限られた資源を有効に活用して、付加価値の高い製品を開発することは、顧客だけでなく、従業員や社会へも大きく貢献します。得られた付加価値は、主に従業員の賃金と利益になります。付加価値が高ければ給料を潤沢に支払えるので、従業員の生活を豊かにします。また利益分についていえば、それに応じた税金を納めることによって経済発展の一翼を担い、社会貢献につながることになります。逆に、販売量が多くても付加価値（利益）が低ければ、その企業は限られた社会貢献しかできていないのです。

(2) 企業の将来を担う役割

製品開発は営業活動などと違って、日々のビジネスに直接貢献するものではありません。数カ月で開発される単純な製品から、最低でも二―三年は要する自動車、さらには市場導入までに十年以上かかる医薬品など、開発期間の長短は製品カテゴリーによって様々です。しかし、将来に販売するための製品を開発するという意味で、すべての製品開発は企業の未来に向けた業務であるといえます。

企業の将来を左右することになるわけですから、製品開発の役割は非常に大きなものがあります。例えば、いくら企業の調子が悪くても、以前から開発していなければ、急に新製品を市場に導入することはできません。逆にいえば、現在開発している製品が良くなければ、その企業の将来に多くは望めないということです。

また、将来市場に導入する製品を開発するというだけでなく、企業の能力やポテンシャルを蓄積するという意味でも、製品開発は将来に向けた活動といえます。技術力や製品開発力は、簡単に構築することができません。長年の積み重ねがあってはじめて作り上げることが可能になります。つまり、過去に何を行ってきたのかによって、現在の製品開発力や、将来とりうる製品戦略も決まってしまうのです。

このように製品開発は将来へ向けた業務であるだけに、長期的な視点が必要です。それが欠けると、企業の将来的な競争力を左右するような技術・製品開発が疎かになるおそれがあります。つまり、短期的な業績を重視しすぎることには注意が必要です。一方で近年、利益を追求することが一段と強く求められています。そのため、技術・製品開発の長期的な能力構築と、短期的な業績の間でうまくバランスをとることが大切です。

2 製品開発マネジメントの特徴

製品開発のマネジメントは容易ではありません。しかし難しくかつ重要だからこそ、そのマネジメント能力によって企業間の業績に大きな差が生まれます。

製品開発が難しいのは、「創造性」「複雑性」および「不確実性」をうまくマネジメントしなくてはならないからです。製品開発の特徴を十分に理解して、それに合ったマネジメントのあり方を考える必要があります。

(1) 創造性のマネジメント

日本語で「管理」とも訳されるように、マネジメント（management）の基本は、仕事の進め方やルールを決めて組織を効率的に統率することにあります。厳しい競争環境の中で利益を上げるためには効率的な管理がますます必要となってきます。コスト低減や開発効率向上、開発期間短縮などを徹底的に追求しなくてはいけないからです。

ところが製品開発においては、そのような管理が邪魔になる場合も少なくありません。なぜなら、製品開発は様々な企業活動の中でも最も創造的なものの一つだからです。企業は次々に新しい技術、デザイン、機能を創造し、顧客に新しい価値を提供する必要があります。そこでは、技術的な問題解決に関する創造性と、顧客に喜ばれるような製品コンセプトを生み出す創造性の両方が必要です。ところが自由な発想が重要になる創造性と、細かい行動規定が基本となる管理との間には矛盾が生じやすいのです。

例えば、創造的なアウトプットを出す過程では、ある程度の失敗や試行錯誤が不可欠です。一方、効率を最大化し時間を短縮するためには、試行錯誤をなるべく減らすための管理が必要です。つまり効率を上げようとすればするほど、創造性の芽が摘まれることになるのです。

製品開発マネジメントが難しい要因の一つは、このような創造性と管理のバランスにあります。創造性のマネジメントは個人のレベルでも容易ではありませんが、企業では多くの技術者が共同で活動するため、組織的な創造活動をマネジメントする能力が問われます。

(2) 不確実性のマネジメント

不確実性が高いことも製品開発の特徴です。ここで不確実性が高いというのは、インプット（投入）に対してのアウトプット（産出）が予測しにくいということです。つまり、何をどれだけ行えばどの程度の見返りがあるのかを予想しにくい業務なのです。

大別すると、製品開発では市場と技術という二種類の不確実性を考える必要があります。

①市場の不確実性　市場に関していえば、売れる商品を予測することが多くの産業において一段と難しくなっています。

その理由として、第一に、顧客が製品について期待する価値が複雑になっているからです。顧客は製品の基本的な機能だけでなく、追加的にソフトな価値を求めています。つまり、製品を顧客の嗜好や感性に合致させることが重要になってきているのです。しかし、このようなニーズを数量的に分析することはきわめて困難です。商品によってはこのような傾向が昔からありましたが、近年それが一層高まっているといえます。

さらに流行現象に代表される、ニーズに関する価値観の広がり方も複雑になっています。個人のニーズは多様化し細分化しているといわれる一方で、逆にインターネットなどにより情報の共有が進み、ニーズの画一化の傾向も強くなっています。このような二極化現象によっても、市場の複雑性は一段と高まっています。

第二に、企業間の競争が激しくなり、良い製品を市場に導入したとしても、どれだけ持続的に売れるのか予測できません。たとえある製品が売れたとしても、それが陳腐化するまでの期間は一段と短縮しています。企業間の技術的な能力は均一化してきています。同じ情報を企業間で共有できるインフラも洗練されています。そのため、競合企業にすぐにまねをされてしまいます。ある家電メーカーのマネジャーは「昔は一発当てれば二年間は安泰だったのに、今は半年も持たない」と嘆いています。多くの産業が同様な状況を迎えています。

②技術の不確実性　技術の開発は、当然その特性として非常に不確実性の高いものです。特に基礎研究の段階では、多くの研究テーマの中で製品化されるものはごく一部です。例えば、最も製品化比率が低いのは医薬品の開発です。多くの化合物を研究しても、その中で製品化されるものは何千分の一にすぎないと、製薬企業ではいわれています。

製品開発の段階に入っても、実際に製品が完成してみなければ最終的なコストや機能を予測できない場合が少なくありません。というのは、具体的な開発・設計の段階についても、計算どおりにアウトプットが出る合理的なプロセスではなく、創造的なプロセスだからです。例えば、既存の設計ルールや工学知識をいくら組み合わせても、それだけで特定の製品設計にたどり着けるわけではありません。そこで製品開発ではまず、任意の設計解を仮説として創出します。

つまり、その段階での「とりあえずの答え」を仮説として考えるのです。ただしこれはあくまで仮説であり、問題のない最終的な製品としては完成していません。そこで様々なテストを通じた設計の修正によって、完成度を高めていく必要があります。この試行錯誤のプロセスには、必然的に不確実性が含まれることになるのです。

このように、市場においても技術においても高い不確実性がある中で、製造企業は多大な投資を決定し、次々に新製品を開発しなければなりません。しかも、一つの失敗が企業の存続にも影響を及ぼすほど大きなインパクトを与えることさえあるのです。

(3) 複雑性のマネジメント

製品開発を困難なものとしている第三の要因に、複雑性の管理があります。近年の製品開発は、非常に大規模で複雑なものが増えています。そのような複雑性は、技術と組織の両面で高まっています。

①技術の複雑性　技術が高度化するに従って、製品開発にこれまで以上に複合的な技術が要求されています。例えば、昔は機械工学的な技術が主体であった自動車や工作機械なども、現在では電子・情報技術や制御技術、ソフトウエアなどが技術の中核を占めるようになっています。

また同じ製品でも、構造が複雑になり部品点数が大幅に増加しています。半導体に代表される電子部品も、構造が急速に複雑になっています。例えばインテルのCPU（中央演算装置）「ペンティアム4」は、四二〇〇万個のトランジスタから構成されています。そのような複雑なシステムが、低価格の家庭用パソコンにも使われています。

②開発組織の複雑性　技術の複雑化に伴い、組織のマネジメントも複雑になっています。近

年の製品開発には、多様な部門から多数の開発者が関与します。例えば、自動車の新型車やマイクロソフトの「ウィンドウズ」のような大型ソフトウエアの開発には、五〇〇人以上の技術者が関与します。携帯電話端末でさえ、ソフトウエアを入れると五〇〇人を超えることもあります。最新航空機である「ボーイング７７７」では、五〇〇〇人以上の技術者が開発プロジェクトに参加しました。

製品開発のように、一つの目標に向けて多くの分野の人々が共同作業をする業務は、企業の中でも特別なものです。優れた製品を開発するためには、技術者や開発関係者全員のベクトルを合わせる統合的な管理が不可欠です。

また情報機器のような新しい製品の多くは、一つの企業だけで開発できるものではありません。世界中の企業から部品や技術を調達したり、共同で技術を開発したりすることが求められます。ボーイングと川崎重工業などが共同で開発した「ボーイング７７７」のように、国境を越えた開発も増えています。

さらには、ＰＣや携帯電話、ＤＶＤなど新しいＡＶ機器やＩＴ関連機器については、世界的な標準を設定し、それに合わせた製品を開発することが、より一層、重要になっています。そこで、技術開発と並行して他企業との調整にも注力しなくてはならない場合が多くなっています。そのため、技術者はシリコンバレーなどの新技術のメッカを中心に世界中を飛び回っています。このように、一社だけでは技術・製品開発が完結しない状況が増え、複雑性は一段と増しているのです。

3　製品開発と競争力

(1)　製品開発の競争環境変化

製品開発は、わが国の経済と企業の発展に大きな役割を果たしてきました。近年の競争環境では、企業業績への影響の大きさは一段と高まっているといえます。しかし一九八〇年代までの経済成長段階と、それ以降の成長が鈍化した後では、製品開発に求められるものが異なっています。経済の成長期には、多くの製品分野で売り上げの急速な増加が期待できました。そのため企業が何を開発すべきなのかが、はっきりしていました。

例えば、安くて品質の良い自動車や家電製品などがその代表です。日本経済全体が拡大していたために、企業間で際立った差異がなくても、同等の競争力を持つ企業すべてが売り上げと利益を増加させることができました。そのため、企業間では基本的に似た製品を開発しつつ、機能、コスト、品質などで熾烈な競争が展開されていました。その意味でこれは同質的な競争と呼ぶこともできます。一方、全く異なった製品カテゴリーのような根本的な差異化をベースとした競争の役割は限られていました。

しかも成長段階には、このような同質的な競争こそが、経済発展に大きな役割を果たしてきました。同質的競争は、ある意味では差異化競争以上に熾烈な競争を引き起こし、日本企業全体のレベルアップに結びつきました。結果的に、それが日本企業の国際的な競争力を向上させる原動力になっていたのです。

しかし一九九〇年代半ば以降の競争環境は、二つの点で大きく変化しています。第一に、経済全体の成長が鈍化している点です。限られたパイの取り合いですから、明確な違いを出さない限り、利益には結びつきません。第二に、製品や技術および市場の変化が昔よりも早いことです。変化が早い環境では、他企業に先駆けて新しいタイプの製品を導入し、競合しないことにより利益を得る戦略（先行者利益と呼ばれる）が効果的です。そのためには、物まねではない新規性と独自性が必要になるのです。

近年、パソコンはもとより、ＤＶＤプレーヤーやデジタルカメラ（デジカメ）、プラズマディスプレーなど、多くの革新的な新製品が市場に導入されています。しかしすばらしい新製品を開発・導入しても、企業が高い利益を上げられない事例が増えています。新規の製品が生まれても、競合企業が一挙にその製品分野に参入し、熾烈な価格競争になる場合が多いからです。

この状況を表したのが図1－1です。新しく投入される製品は、生産が開始された時点ではコストが非常に高いのが普通です。その製品が市場で受け入れられ、生産が増えるに従ってコストは急速に低下していきます。生産を続けていく中で様々な改善が積み重ねられ、学習曲線効果が生じるのです。また生産量が増えることによる規模の経済性も発揮されます（規模の経

図1－1　競争環境の変化と価格の推移

①通常の競争

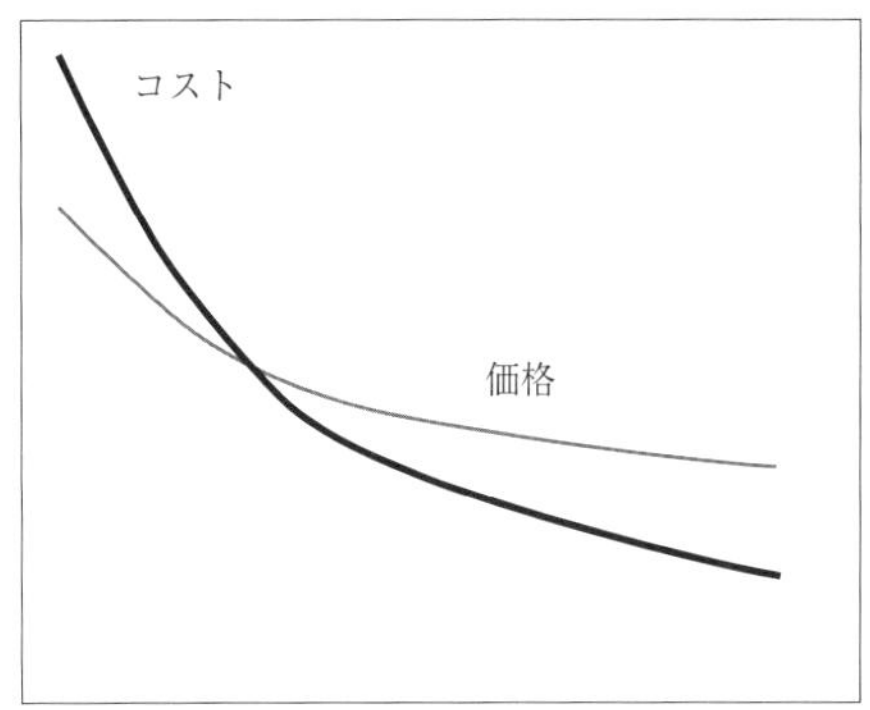

②過度の競争

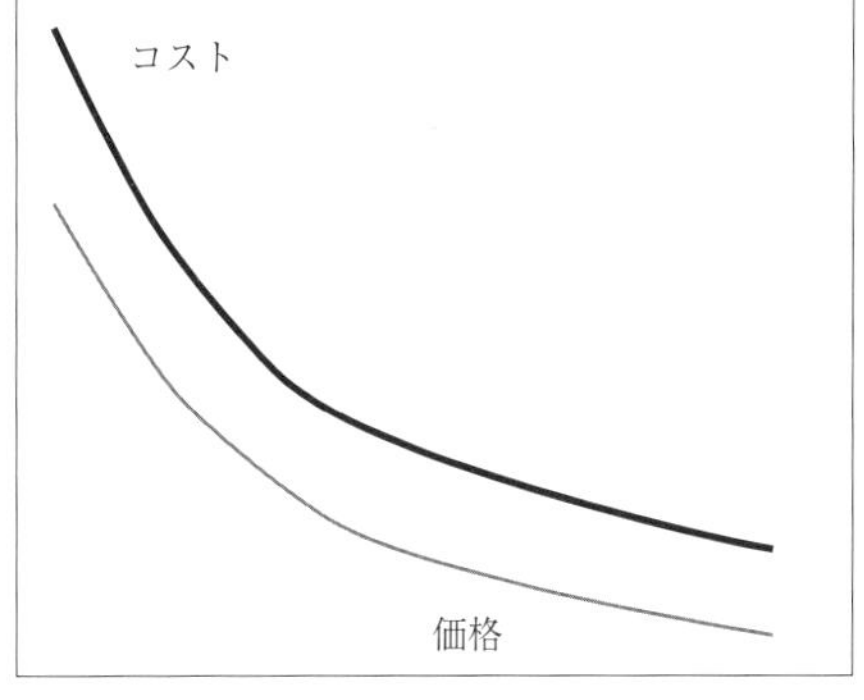

済性と学習曲線効果については78ページの用語解説を参照)。このような要因によって、図1-1の両図に見られるようにコストが低下するのです。

通常の競争では、図1-1①に示されているように、コストが価格よりも早く低下することによって利益幅が増えていきます。しかし近年の競争状況では、②のように価格がコストと同じくらいのスピードで低下してしまい、利益を上げることができない状況が頻繁に生じています。

この理由は二つ考えられます。第一に、近年のITやAV(オーディオ・ビジュアル)関係の製品では、規格が重要になっていることです。つまり、規格が決定されるのを待って、多くの企業が同時に量産体制に入るため、すぐに同質的な過当競争が起こり、供給過多になってしまうのです。

第二に、技術の変化が速く陳腐化が著しいために、価格が急速に低下することがあげられます。例えばDVDプレーヤーでは、最初の規格による機種のコストが低下してきた頃には、次世代のDVDレコーダーの規格が発表されてしまい、それがさらに価格を下げる要因になりました。

このように過度な競争が起こりがちな環境の中で業績を高めるには、明確な独自性や差異化をベースとした競争に勝つことが必要になっています。高度経済成長の時代と比較して、現在

図１－２　製品開発による差異化の源泉

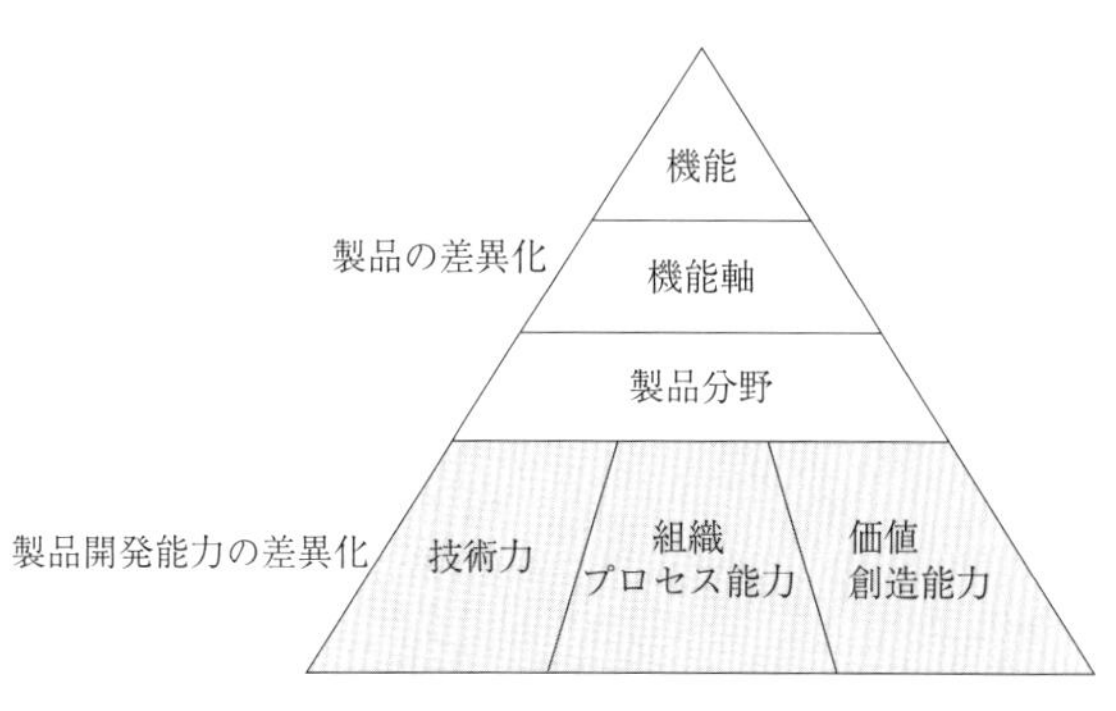

多くの産業で競争のルールが大きく変化しています。古いルールを物差しとして製品開発を行っても、利益には結びつきません。では、いかにして製品開発での差異化を実現すべきなのかを考えましょう。

(2) 差異化の源泉──製品と製品開発能力

図１-２に示しているように、製品開発での差異化には、①製品による差異化と②製品開発能力による差異化の二つのレベルがあります。前者は製品開発のアウトプットに着目し、後者はそのようなアウトプットを生み出すための仕組みやプロセスに焦点を当てたものです。

①製品の差異化　この差異化は、三つのレベルで捉えることができます。第一のレベルは、特定機能における差異化です。例えばパソコンでいえば、処理速度や使いやすさにおける差異化です。特定機能上の差異化競争は最も基本的な競争であり、技術発展にとっては不可欠です。

ただし、そのような差異化は、目立ちやすく追随しやすいため、特定の企業が優位性を中長期的に維持することは容易ではありません。そのため競争が熾烈化する可能性が高く、よほど急速に成長し続けている市場でない限り、利益を上げることは難しくなります。

第二に、機能軸自体を変えることによる差異化があります。例えば大ヒットしたアップルコンピュータの「ｉＭａｃ」というパソコンは、処理速度や値段といった従来の機能軸とは異なり、デザインの斬新さを強調しました。ソニーの「バイオ」も同様の事例です。同じ製品でも全く新しい価値を顧客に提供することになるので、このレベルでの差異化が成功すれば大ヒットにつながります。

第三は、全く異なった新しい分野の製品を開発することです。任天堂の「ファミコン」（家庭用テレビゲーム機器）やソニーの「ウォークマン」（携帯用ステレオ）などが代表的なものです。また従来のカメラに対してデジカメは、新しい分野の製品といえるでしょう。新しい製品分野の創造による差異化は製品の差異化の中でも最も根源的なものですから、市場で受け入れられることに成功すれば、大きな利益が期待できます。

ただし、このレベルの差異化はこれまでにない製品カテゴリーを創造することになるので、普及に時間がかかる可能性があります。その過程で他社が同じような製品を出してくれば、たとえ最初に開発した企業であっても高い利益が得られないというリスクがあります。

続性が高いものです。

②製品開発能力の差異化

製品開発能力の差異化は、製品の差異化よりもまねされにくく持続性が高いものです。

新製品が市場に登場するや否や、競合企業は徹底的にそれを研究します。競合製品を分解して設計や技術を研究するテアダウンと呼ばれる手法も一般的になってきました。また、特許を侵害することなく同じような機能を持った技術を開発する技法も進んできています。そのため、差異性の高い製品を開発しても競合企業が同じような製品を開発し、比較的早く差異性が失われる場合が増えているのです。

他方、製品開発能力とは企業の仕組みやプロセスのことですから、競合企業から簡単には見えません。しかも、一つの製品だけでなく開発する製品すべてに応用できる可能性があります。

これらを総合的に考えると、図1-2で示した製品開発能力こそが重要であり、これに関して強みがなければ、低成長時代の中で高収益を上げることはできないといっても過言ではありません。本書の焦点も主にここに当てていきます。

製品開発能力は、技術力、組織プロセス能力、価値創造能力の三分野に集約して考えることができます。第一に、競合企業にはまねができないような技術力によって、独自的な優位性を持つことができます。例えば、特許によって完全に守られた技術です。通常、製造企業にとっては技術力こそが独自性の根源であるべきだと考えるかもしれません。しかし実際には、他を寄せつけないような技術力を持っている企業はそう多くはありません。特許制度にしても、企業の独自技術を完全に守ってくれるわけではないのです。そのため、かなり革新的な技術だと思っていても、予想以上に簡単に模倣されてしまうのが実情です。

もちろん、技術力による製品開発能力で優位性を持続できれば理想的です。しかし、まねをされない独自技術は一朝一夕には生まれません。まず、特定分野の技術に、競合企業以上に資源を集中して長期的な視点から育成することが必要条件です。さらに、育成しながらその技術を使って多様な製品化を積極的に行い、技術開発と製品開発の間に好循環を生むような仕組みが構築できれば、競合企業に簡単にまねをされることはありません。近年、このような好循環を目的とした「コア技術戦略」が注目されています。これについては、第Ⅲ章で取り扱うことにします。

第二に、製品開発の組織プロセス能力とは、同じような製品の開発であっても、競合企業よりも短期間かつ少ない工数で高い品質を実現できる組織能力です。または、優れた設計手法によって、高機能と低コストを両立させる能力もあります。この組織プロセスに関する能力をうまく蓄積し活用することをめざした競争は、最も一般的に行われているといえるでしょう。

しかし他方で、この分野で明確な独自能力を持っている企業は少ないといえます。熾烈な競争の結果として、大企業の製品開発プロセスや組織能力は似たようなレベルにあります。ただし、もし組織プロセス能力で独自の強みを実現できれば、特定の技術や製品での独自性以上に企業全体の競争力を発揮することができるでしょう。日本企業の中では、製品開発と生産のプロセスに関してイノベーションを生み出し、しかも徹底的な改善を歴史的に積み重ねてきたトヨタ自動車がこれを実現している数少ない例の一つかもしれません。

製品開発組織に関しては、主に第Ⅴ章と第Ⅵ章で詳しく説明します。

第三に、高い価値を創造する能力についてはどうでしょうか。同じような技術力と組織プロセス能力を持っていても、市場において他企業よりも高い付加価値を創造できる企業があります。これを可能にするのが価値創造能力です。この能力には、製品・市場戦略に関する能力と、独自のビジネス・システムを構築・活用する能力の二つがあります。

一つめの製品・市場戦略ですが、その代表は顧客ニーズに合致した製品を開発する能力です。顧客と緊密な関係を構築する能力や市場分析能力に優れている企業は、この能力に優れているといえます。さらには、どの企業でも調べればすぐにわかるような顕在化した顧客ニーズではなく、潜在的なニーズを掘り起こすことができる能力であれば、より高い競争力を生み出すことができます。新しいコンセプト創造に優れたソニーや本田技研工業などが、この分野で強みを発揮している代表的な企業です。

また、特に生産財であれば、製品を標準化しながらも、それらをうまく個々の顧客ニーズに合致させる独自の仕組みによって、大きな付加価値を上げている企業があります。例えば、村田製作所、ローム、キーエンスといった近年きわめて高収益を上げている企業です。このような製品戦略の仕組みについては、第Ⅲ章で詳しくみることにしましょう。

二つめに、独自性の高いビジネス・システムに関する能力です。製品の成功は、材料や部品を購入し、販売店で顧客に売られるまでの、一連の業務全体に依存しています。すべてが一つの企業内で完結することは通常少ないので、複数の企業を含んだシステムです。この全体のシステムはビジネス・システムと呼ばれます。事業利益を上げる仕組みを強調する場合には、ビジネス・モデルと呼ぶこともできます。優れたビジネス・システムは競争力に結びつき、大きな付加価値を生みます。

この分野での能力に長けた企業の代表例が、優れた部品調達とパソコンを直販する仕組みによって大成功を収めた米国のデルコンピュータです。また、パソコン産業の中でCPUに特化しつつも、パソコンメーカーやデバイス企業を巻き込んで、業界標準を牽引することによって付加価値を生んでいるインテルも、優れたビジネス・システムを構築しているといえます。オペレーティングシステム（OS）と主要ビジネスソフトに集中しつつ、パソコンの標準に対して強い影響力を維持しているマイクロソフトも同様です。

用　語　解　説

―――コア・コンピタンスと製品開発能力―――

1994年に出版されたハメル＆プラハラード（G. Hamel & C. K. Prahalad）著のベストセラー*Competing For The Future*（邦題『コア・コンピタンス経営』)」によって、コア・コンピタンス（core competence）という言葉が日本でもよく知られるようになりました。

これは、企業の競争力の源泉としての中核能力のことを指します。ホンダの小型エンジンに関する能力やトヨタの生産に関する能力（例えばジャスト・イン・タイム方式）のように、単なる技術ではなく、スキル、技術ノウハウ、組織プロセスなどが束になったものです。

彼らは同書において、中核能力は最終製品と違い、模倣されにくく持続的な競争力の源泉であり、様々な製品に応用できるものだとしています。この「差異化の源泉としての企業能力」という考え方自体は、経営学の世界では決して新しいものではありません。ただし彼らの本は、この概念を経営戦略の中心的な問題として取り扱い、能力構築の重視などいくつかの新しい示唆を提供しました。なおコンピタンスと同様の意味として、「情報資源」「組織能力」や「強み」といった表現が使われることがあります。

本書で説明している製品開発能力は、製造業にとってのコア・コンピタンスになり得る中心的な能力だといえます。一方サービス業では、顧客管理に関する能力が重要なコア・コンピタンスになるでしょう。

日本企業では、トヨタの製品競争力も、三〇〇社以上の部品企業との間に築いた企業間ネットワークに支えられています。長い歴史の中で構築された複雑な仕組みと信頼関係に裏付けられているので、競合企業が簡単にまねすることはできません。

製品開発は技術的に一社で完結するものではなくなっています。市場での成功も多くの企業とのパートナーシップによって影響されます。このような意味でもビジネス・システムは、製品開発能力の大きな要素の一つになりました。ビジネス・システムを構成する複数企業間関係のマネジメントについては、第Ⅶ章で説明します。

Ⅱ　製品開発とイノベーション

●イノベーションは、革新的か改善的かというレベルによる分類と、技術に関するものか市場に関するものか、などとタイプごとに分類できます。技術的なイノベーションは、製品技術と製造技術、要素技術とアーキテクチャ技術などに分類できます。
●革新的な製品に対応するには、①率先して革新的な製品を開発・導入するリーダー戦略と、②先行者の成功を確認した上で迅速に対応するフォロアー戦略があります。
●従来型の技術に習熟した企業ほど、革新的な技術への転換が難しくなるというジレンマがあります。特に、従来の技術で蓄積した知識・ノウハウが役に立たなくなる能力破壊型イノベーションには、注意が必要です。

製品開発とは「新しい」製品を創造することです。変更や改良することなしに既存の製品を売り続け、競争力と商品力を維持できるのならば、製品開発は必要ありません。新しさがあるからこそ、競争力や付加価値が生まれるのであり、またそのマネジメントが難しいのです。この「新しさ」を、経営学（技術管理）では一般的に「イノベーション」と呼びます。

ただし、ひと口に新しい製品といっても、従来は全く存在もしなかった分野の新製品から、既存の製品を改良して機能や品質を改善しただけの新製品まで、すべてが含まれます。つまり、イノベーションにも革新性の程度や種類によって様々なものがあるのです。しかも、必ずしも画期的な新製品だけが重要なわけではありません。

イノベーションはタイプによって戦略上の役割が異なります。またマネジメントもその特性に合わせる必要があります。本章では、イノベーションとは何か、またどのような種類があるのかなど、その本質について考えることにします。

1 イノベーションのタイプ

イノベーションは、革新性の程度（レベル）によって大きく二つに分けられます。革新的なイノベーション（radical innovation）と、改善的なイノベーション（incremental innovation）

です。

さらに、同じ程度の革新性であっても、様々な種類（タイプ）が考えられます。例えば、既存のカセットプレーヤー技術を使って「新しいコンセプト」の提案を行った「ウォークマン」と、全く「新しい技術」を基盤としたＤＶＤプレーヤーでは、同じくらい革新的だとしてもその開発の方法や市場への影響の与え方が異なることがわかるでしょう。

⑴　技術的革新と市場的革新

何に関するイノベーションかという視点から革新性を捉えると、まずは技術に関する革新と市場に関する革新に大別することができます。製品開発における革新性といった場合に通常まず考えるのが、技術的革新でしょう。技術的革新は、新技術によって全く新しい機能を付加したり、大幅にコストを低下させたりするような新製品です。

一方で、技術的には革新的とはいえない製品でも、市場でのインパクトが非常に大きいものも少なくありません。「ウォークマン」や「ファミコン」は、技術革新というよりも、全く新しい製品分野と市場を創造したという点で革新的なものでした。このような新製品は、顧客にこれまでにはない価値をもたらしたのです。これは、技術的な革新に対して、コンセプトによる革新、または市場的な革新と表現することができるでしょう。

図2-1　技術の革新と市場の革新

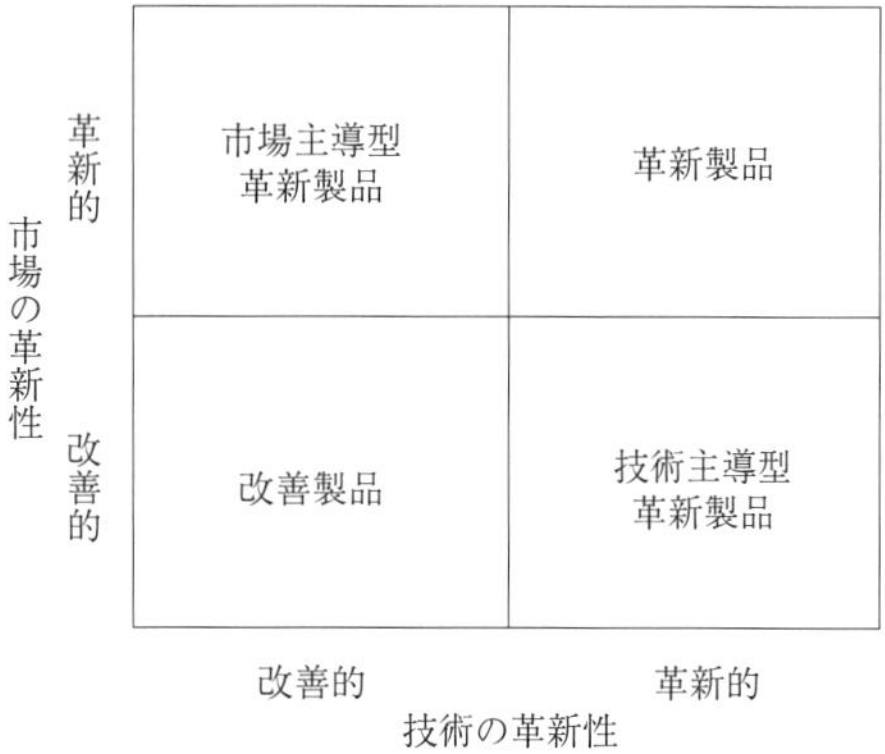

市場の革新性 ＼ 技術の革新性	改善的	革新的
革新的	市場主導型革新製品	革新製品
改善的	改善製品	技術主導型革新製品

これらの二つの軸から新製品を分類すると、図2-1のように四種類に分類できます。まず同じ程度に革新的な新製品でも、何が革新的なのかによって「技術主導型革新製品」と「市場主導型革新製品」に分けられます。また、どちらか一方ではなく、技術と市場の両方で革新的な新製品と、両方で改善的な新製品もあります。

ここで注意すべき点は、革新的な新製品のうち、どのタイプがベストなのかは単純にはいえないことです。産業や競争環境によっては、改善的な新製品を頻繁に出すことが最も効果的な場合も少なくありません。市場（コンセプト）と技術のどちらで革新的な新製品がより成功しやすいかは断言できません。しかしこのような枠組みに基づいて考えることは、次の二つの理由から重要です。

第一に、企業が新製品を開発する場合に、戦略としてどのタイプを狙うのかを明確にし、そのタイプに適した製品開発マネジメントを採用しなければならないことです。例えば、タイプの違いによって製品開発のリーダー（プロジェクトマネジャー）の選び方も変わってきます。コンセプトの革新と技術の革新では、リーダーに求められる資質が全く違うのです。

第二に、個々の新製品の戦略を別個に考えるのではなく、企業が実施する製品開発の組み合わせとして捉える必要があることです。例えば、将来の大きな飛躍を狙った技術的に革新的な製品開発と、市場ニーズや競争環境の変化に機動的に対応するための改善型の製品開発を、うまく組み合わせることが大切になります。

(2) 製品革新と製造革新

技術的な革新はさらに、製品技術と製造技術に分類することができます。両方とも製品の機能やコストに影響をもたらすものです。どちらの技術がより重要なのかは、製品の特性や競争環境によって変わります。

例えば製品の特性でいうと、組立型か素材型かに基づいて考えることができます。組立型とは自動車や家電製品のように多くの部品から構成され、その組み合わせ方が重要になる製品です。一方、素材型とは化学製品や鉄鋼製品、また半導体のように製造プロセスが製品の鍵を握る製品です。そのため技術的な革新は、前者では製品技術、後者では製造技術に関して生まれる傾向があります。もちろん組立型製品でも、製造技術は品質や生産効率という点で重要ですが、大きな革新が起こるのは製品技術の場合が比較的多いのです。

このような製品技術と製造技術という二つの軸にも、それぞれに改善的なイノベーションと革新的なイノベーションがありますから、組み合わせとしては四種類のイノベーションタイプを考えることができます。つまり、①製品技術で革新的、②製造技術で革新的、③両方共に革新的、④両方共に改善的な新製品です。

(3) アーキテクチャ革新と要素技術革新

イノベーションの分類として最後に、アーキテクチャ革新を紹介します。製品技術は、要素技術とそれらを組み合わせる技術に分けることができます。この要素技術を組み合わせる構造を、アーキテクチャ（architecture）と呼びます。これは、自動車やパソコンのような組立型の製品において特に重要な視点です。なお、製品アーキテクチャについては、V章でより詳しく説明します。

例えば自動車でいうと、エンジンやボディ、シート、サスペンション、タイヤなどは要素技術です。そして自動車全体としては、それらの要素技術が組み合わさってアーキテクチャを構成しています。自動車の性能には、要素技術とアーキテクチャの両方が重要な意味を持っています。要素技術であるエンジン性能そのものも自動車の性能に直接的に影響しますが、走行性能や静粛性、乗り心地などは、自動車全体のアーキテクチャの良し悪しで決まるのです。

製品の中にある個々の要素技術が新しいものでなくても、それらを製品として組み合わせるためのアーキテクチャが革新的な場合を、アーキテクチャ革新と呼びます。日本企業は要素技術の革新よりも、アーキテクチャ革新に優れているといわれます。

例えば、製品の小型化技術が代表的なものです。日本企業が得意とする携帯用ステレオやサブノートパソコンなどは、各部品を狭い場所へうまく配置しながら高い品質や機能を確保するための革新が必要になります。また米国で日本車が成功したのも、米国企業が小型車の要素技術は持っていても、競争力のある自動車としてまとめるアーキテクチャ技術がなかったからだといわれています。

日本企業は組織能力が高いので、アーキテクチャ革新に長けています。組織的にフレキシブルなうえに統合能力が高いので、技術の新しい組み合わせ方にもうまく対応できます。一方、米国企業は、個別の技術者が、厳しい競争の中で専門分野での技術革新を追求していますから、要素技術革新に比較的長けているといえます。

2　企業能力への影響から見た革新性の基準——能力破壊型と能力発展型

前節では、イノベーションには様々なタイプ（技術的・市場的、製品・製造、要素技術・アーキテクチャ）があり、またそれぞれにレベル（革新的・改善的）があることを述べました。では、レベルを改善的と革新的に分ける基準はどこにあるのでしょうか。

この問題を考える場合には、まず革新前の基準点を定める必要があります。次に、どの程度大きな変化であれば革新的といえるのかという変化の程度について考えなければなりません。

第一に、革新の基準点については、他企業も含めて市場にこれまでに存在した技術や製品というのが一つの考え方です。市場競争だけを考える場合には、適当でしょう。

しかし、それとは別により重要な基準点があります。市場での革新性ではなくて、ある特定企業にとって革新的かどうかという基準です。企業のマネジメントを考えた場合には、こちらの方がより重要な視点を提供します。

例えばテレビゲーム機は、コンピュータ企業にとっては、技術的革新性があまり高くない製品だったかもしれません。一方、任天堂のように玩具メーカーからスタートした企業にとっては、新たに必要になった技術も多かったと考えられます。また同じレベルのバイオ技術でも、医薬品企業にとっては改善的な技術であっても、新たに参入した食品企業にとっては革新的な技術かもしれません。

第二に、変化の程度についてですが、単純に機能やコストの変化量の大小によって区別する方法がまずあげられます。しかし、特定企業における製品開発の取り組み方やマネジメントのあり方を考えるには、絶対的な指標としての革新性よりも、その企業の既存の能力とのギャップによって考える方がより重要です。具体的には、企業がすでに持っている技術や開発能力の延長線上で対応できるのか、または全く新しい技術が必要なのかという区別です。前者であれば改善的、後者であれば革新的だということです。

ここで特に重要なのは、革新的な技術を開発する場合には、その企業がすでに保有する既存の技術が利用できないだけでなく、その技術やそれに関する開発能力が邪魔になる場合さえあることです。一般的に、大きな技術革新が起こる場合、代替される古い技術に強みを持っていた企業は、スムーズに新しい技術へ乗り移ることが難しいのです。

例えば、コンピュータ産業において、メインフレームやミニコンで強かった企業がパソコンの技術へうまく対応できたとは必ずしもいえません。真空管の主要企業がその代替技術であるトランジスタでは成功できなかったこともあげられます。

要求される技術やターゲットとする市場、顧客のニーズなどが完全に変化する場合には、既存の技術や能力に固執するのでなく、それらを捨て去ることが求められます。そのため、ゼロから能力開発する企業よりも、既存企業が対応に遅れるという状況が生まれてしまうのです。

このような視点に基づいて、前世代の技術で蓄積した知識やノウハウを役に立たなくするようなイノベーションを、「能力破壊型イノベーション」と呼びます。逆に、既存の技術を利用してさらに改善することによって対応できるイノベーションは、「能力発展型イノベーション」と呼びます。

技術革新への対応を考える場合には、それが企業にとってどちらのタイプの革新なのかについて正しい判断をしなくてはいけません。それによって、どのようなマネジメントによって対応すべきなのかが決まるのです。

3　リーダー戦略とフォロワー戦略

革新性に関する製品戦略としてリーダー戦略とフォロワー戦略があります。リーダー戦略は技術や市場において高い革新性を求める戦略です。一方、フォロワー戦略は、リーダー企業が新しい市場の開拓や新技術の導入に成功したのを確認した後で、なるべく迅速に同じような製品を開発する戦略です。どちらの戦略が良いのでしょうか。

リーダー戦略によって革新的な製品を導入し、それが成功した場合には、競合企業が同じような製品を導入してくるまで、大きな利益が享受できます。これは先行者利益と呼ばれます。たとえフォロワーが追随してきた後でも、リーダーが競争優位性を保ち続ける場合がありま す。まず、追随企業が参入した時点でリーダーはすでに生産開始後一定期間を経て経験曲線効果（78ページの用語解説を参照）を享受しており、コスト上優位に立てます。そして、市場においてすでに顧客ベースやブランド認知を確立していることもリーダーにとって有利な点です。さらに、販売網や部品供給先との関係構築が進んでいる場合も競争優位の根源となります。

ただしリーダー戦略が必ずしも有利なわけではありません。まず、基本的に先行者にはリスクがあります。革新的な製品の場合は過去のデータを頼りにできませんから、市場へ導入してもどれだけ売れるかを予測することは困難です。また、これまで全く市場で試されていない技術を導入した場合、その技術に問題が生じることも少なくありません。

フォロワーは、リスクが小さいうえに、リーダーの開発した技術ノウハウを利用できます。加えて、新技術の市場認知を増すための市場開発努力にも追随企業はタダ乗りできます。

実際に、リーダーとフォロワーのどちらが成功するのかは、産業や製品、技術の特性によって様々なケースがあり、断定的にはいえません。

4 革新性のパターン——改善重視型と革新重視型

製品開発の革新性を考えるには、一つの製品だけでなく、長期的なパターンについても考慮することが大切です。例えば、個々の新製品はあまり革新的でなくても、頻繁に改善的な製品開発を実施し、長期的に見れば大きな革新を実現している企業があります。これを改善重視型戦略と呼びましょう（図2-2の実線）。これと対比的な戦略としては、製品開発の頻度が低い代わりに、革新的な開発をする革新重視型戦略があります（図2-2の点線）。

これも、どちらの戦略が優れているのかは一概にはいえません。一般的には、開発する製品の市場・競争環境特性によって有効な戦略が決まります。

改善重視型戦略が有効になるのは、主に次の場合です。

①市場で売れる製品のライフサイクルが短い場合　製品のライフサイクルは技術や市場（および顧客ニーズ）の変化の速さに影響されます。とりわけ、ファッション性の高い製品（衣料品や自動車など）はスタイルが陳腐化するため、機能的には比較的小さな差異でも新しい製品を次々に投入していく必要があります。また、多くの家電製品やパソコンなどの場合は、技術的な変化が早く、一世代前のモデルは製品価値が著しく低下します。このような製品について

図２－２　革新性のパターン戦略

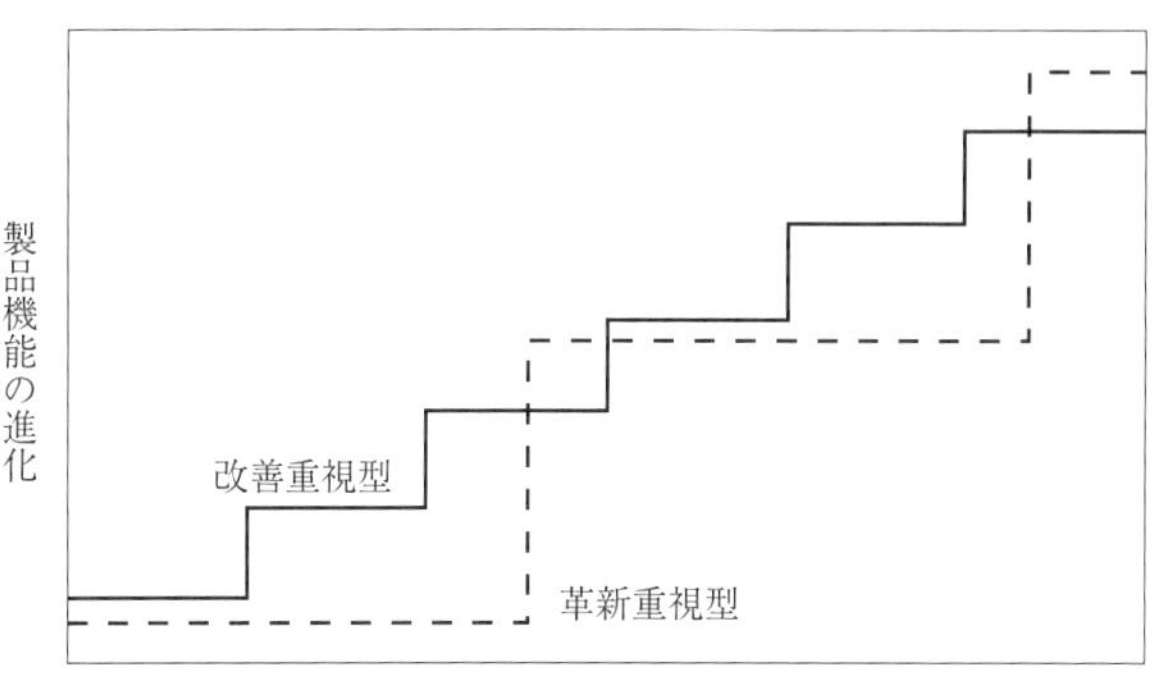

も、技術的には小さな改善に過ぎなくても、頻繁に新製品を開発することが求められます。

②市場・顧客ニーズがわかりにくく、しかも製品コンセプトが重要な製品の場合　これは、新製品がどれくらい売れるのかが、市場に投入してみるまでわからないため、改善型製品を次々に開発した方がよいからです。ただし改善重視型戦略であっても、必要以上に高い頻度で新製品を開発すると、投資が過度に増え、旧製品の在庫管理も難しくなることに注意すべきです。

③（前節の戦略タイプでいう）フォロワー戦略をとる場合　この場合は、改善重視型戦略が適しています。リーダーの技術革新から迅速に学び、それをベースとした改善型の新製品をタイミング良く開発・導入する必要がありますから、改善重視型の方が適しています。

他方、革新重視型戦略が有効なのはどのような場合でしょうか。自動車や家電でも、技術の優位性を製品の訴求ポイントにすることができ、しかも技術的に大きな優位性を維持することが可能であれば、頻繁な製品開発は必要ありません。例えば、メルセデス・ベンツやBMWに代表される欧州の高級車メーカーは技術的な優位性を確保できていたので、革新重視型の戦略によって長い製品ライフサイクルを維持していました。

5 革新に伴うジレンマ

(1) 技術進化のS字カーブ

革新的な製品開発は容易ではありません。技術的なイノベーションを行うだけでも難しいのに加え、それを製品化して市場で受け入れられなくては成功といえないからです。通常、革新技術は研究開発部門（R&D部門）で開発されます。しかし良い技術を研究開発することと、それを新製品として市場へ導入することの間には大きな隔たりがあります。

革新的な技術を製品化するのが難しい理由の一つは、技術革新の過程そのものに潜んでいます。技術の革新過程は多くの場合、図2-3のようなSカーブで説明できます。縦軸は製品機能・コスト・品質の向上を、横軸は投下資源、つまり研究にかける工数や資金の累積を表しています。累積ですから、時間の経過と捉えても大きな違いはないでしょう。

図2－3　技術進化のSカーブ

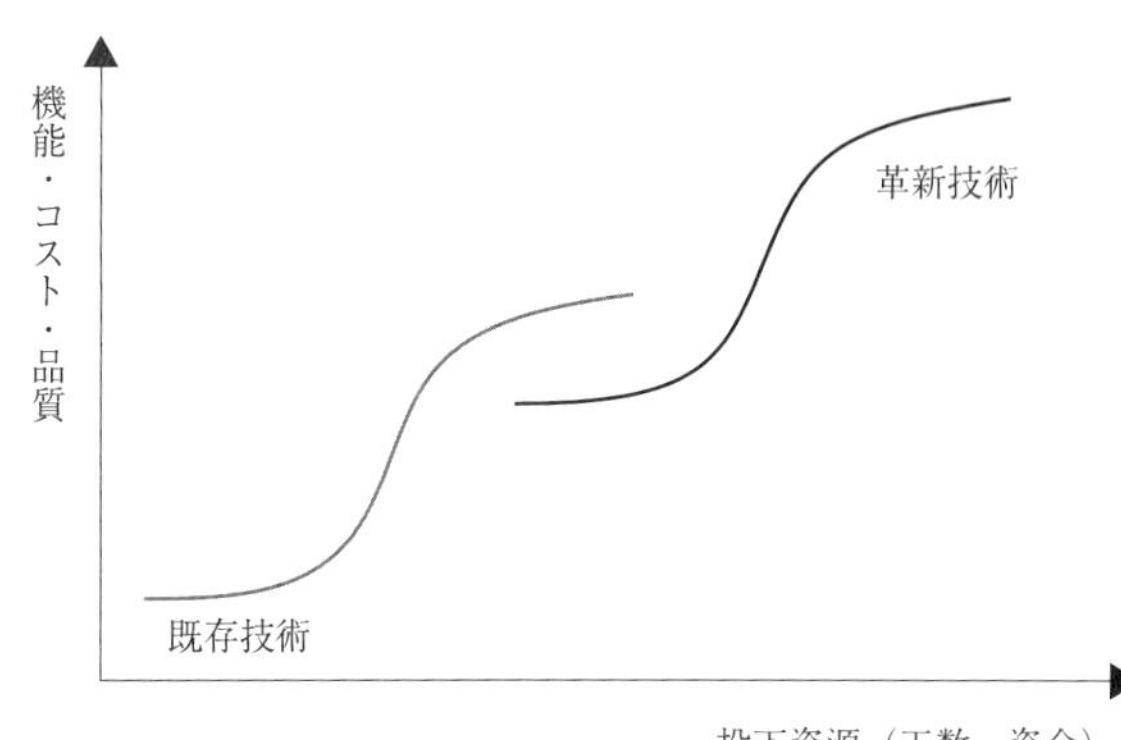

（参考文献）　フォスター（1987）

通常の技術進歩は一つのSカーブ上を動きます。以下、これを段階ごとに説明していきましょう。ある技術が誕生した初期段階では、研究開発の努力が簡単には製品機能の向上に結びつきません。その理由は三つあります。

一つは、最初の段階では研究開発の努力を投下する技術や方向性がまだ定まっていないことです。そのため、試行錯誤が多く、投下資源の多くが無駄になってしまうのです。

二つめは、初期段階では大量生産が行われないことです。つまり量産効果が得られません。

三つめに、累積生産量が少ないために、学習効果を享受できません。量産効果と学習効果につながらない初期段階では、努力してもなかなかコストは下がりません。

初期段階を過ぎると次に、急速に技術が進歩する段階に入ります。技術の方向性が定まるため、その特定の技術およびそれを使った製品の機能改良とコスト削減にすべての努力が集中されます。さらに、製造に関しても量産効果と学習効果が生まれます。

しかし時間が経過すると、次第に改良の余地が減っていきます。この段階を迎えると再び、いくら研究開発を行っても、機能向上やコスト削減が進まなくなるのです。

(2) 技術革新のジレンマ

こうした技術進化のS字カーブを、機械式の腕時計の例で具体的に考えてみましょう。初期段階は、機械式腕時計の構造やメカニズムについていろいろと試行錯誤される段階です。投下資源に応じて、時間を刻む精度が急速に上がるとは限りません。しかしある程度機構が決まると、その機構をベースとして精度を向上させるための設計改善に努力が費やされます。その結果、例えば一日に数秒程度の誤差に収まるような精度を実現できるようになるのです。しかし、機械式ではいくら努力しても、それ以上大幅に改良できないレベルに達してしまいます。

そこで、次に全く新しい技術であるクオーツ方式の研究開発が開始されるわけです。図2-3ではこれを二番目のSカーブで表しています。しかし、一般的に、このような革新的な製品開発を妨げる要因があります。それは次の三つです。

第一に、図2-3に示されているように、通常、革新技術は初期段階において既存技術よりも機能やコストにおいて劣ったレベルから始まることです。クオーツ式時計も初期段階ではとても重量があり、また少量生産のためにコストも非常に高いものでした。革新的な技術は、ポテンシャルは高いとしても、初期段階では既存技術よりも劣る場合がほとんどです。

一方、既存技術は長年改善が積み重ねられているため機能や品質が非常に高く、コストも極限近くまで低下しています。既存技術の改善が進んでいればいるほど、新しい革新技術に対する優位性は大きいのです。

第二に、既存顧客への対応が問題になる場合です。一九八〇年代に米国の自動車企業は製品開発の中心を小型車に転換することができず、日本企業の後塵を拝することになりました。米国企業を支えていた、比較的年輩の保守的な顧客層が、依然として大きな車を欲していたからです。既存の顧客を大事にすればするほど、革新的な技術を採用することが難しくなります。

第三に、革新技術の初期段階では、その技術が本当にSカーブを上がっていくのかどうか、不確実性が高いことです。多くの技術は、初期段階のレベルのまま結局ものにならず、消えていくのです。

以上のような理由で、革新的な技術を製品化・量産化する意思決定は難しいのです。単に機能や品質、コストを追いつづけている限りは、新しい技術革新への取り組みや、製品化への投下資源を一気に増加させるといった意思決定が遅れてしまいます。これまでの説明からわかるように、効率やコストの追求と技術革新の間には矛盾があるからです。そして、既存技術を改良・改善して、それが良くなればなるほど、新しいSカーブにジャンプすることが難しくなります。これが常に技術革新につきまとうジレンマなのです。

(3) 組織のジレンマ

なおこうした二つのSカーブのせめぎ合いは、組織的には次のようなかたちで表れる傾向にあります。

一般に企業では、既存技術に関する技術・製品開発と販売は事業部が担当し、新技術開発は本社の研究開発部門が受け持ちます。このとき事業部は比較的短期的な視点から、研究開発部門に対して現在の製品技術よりもすべての面で優れた新技術の提供を期待します。ですから新しいSカーブの初期段階で、既存技術よりも劣っている段階では興味を示しません。また事業部の技術者の中には、現在担当している既存技術の優位性を主張する者もいるでしょう。

他方、本社の研究開発部門は、新しいSカーブにおける初期の劣った部分ではなく、将来の大きく改善された姿を考えているために、事業部が積極的に採用しないことに不満を持ちます。こうして両者の意見は相容れません。それを組織的に調整しているうちに、新しい技術に

COFFEE BREAK

――イノベーターのジレンマ――

1997年に、ハーバード大学ビジネススクール教授であるクレイトン・クリステンセン（Clayton M. Christensen）が出版した *The Innovator's Dilemma*（邦題『イノベーションのジレンマ』）という著書がベストセラーになりました。そこで彼は、イノベーションを、破壊的イノベーション（disruptive innovation）と持続的イノベーション（sustaining innovation）の２種類に分けました。

これらは、本書では第Ⅱ章の２節で説明している能力破壊型イノベーションと能力発展型イノベーションに対応しています。彼は多くの実証例を示しながら、旧来の技術で成功している企業は、その成功を否定し蓄積してきた能力や顧客基盤を捨て去らなくては、破壊的イノベーションには対応しにくいということを主張しました。

たしかに米国では、市場で成功した破壊的イノベーション（パソコン、ソフトウエア、ハードディスク、新世代半導体など）の多くが、新しい企業によってもたらされています。

しかし、これと同じロジックが日本企業へも当てはまるとは限りません。実際に、日本では大企業であるソニーや松下電器産業、東芝などによって多くの破壊的イノベーションが生み出されています。このことは、日本の大企業における柔軟性に富んだ開発組織能力に裏づけされた強さと、それを脅かすベンチャー企業の弱さの両方を象徴しているようです。

転換するタイミングが遅れてしまうのです。

ここで求められるのは、新旧技術のSカーブの両方を適切に理解しつつも、タイミングのよい意思決定を、責任を持って行えるリーダーです。新技術のレースで勝つための必要条件は、タイミングを見計らって遅すぎない段階に、次のSカーブの技術へ集中的に資源を投下していくことなのです。

ただし、競合企業が皆、開発の中心を新しいSカーブの技術に転換するなかで、逆に古いSカーブの既存技術で優位性を高める戦略もあります。つまり、両方のSカーブの間で中途半端に両方の技術開発を続けることが、最も望ましくないといえるでしょう。

III 製品戦略

●製品戦略の目標は、競争力の高い新製品を持続的に開発できる仕組みを作ることです。顧客、競合企業、協力・補完企業との関わりの中で、自社から顧客へ提供する価値の最大化を進めます。

●製品戦略は、①製品技術戦略、②製品市場戦略、③製品展開戦略に分けられます。

●製品技術戦略の役割は、重点的に資源配分を行うコア技術を選択し、その製品展開戦略を決めることです。製品市場戦略の役割は、市場でいかに戦い、顧客に価値を提供していくかに関する長期的な設計図を描くことです。製品展開戦略の役割は、複数の製品ラインの組み合わせを長期的にマネジメントすることです。

企業が成功するためには、優れた「戦略」とそれを効率的に実行するための「組織マネジメント」が必要です。戦略と組織マネジメントは経営の両輪というべきものですが、製品開発の局面でも両方が優れていなければなりません。本章ではまず、製品開発にかかわる戦略に焦点を当てます。ここでは「企業がどのような製品を開発して、市場でどのように戦っていくのか、およびそれらを実現するためにどのような仕組みと能力を構築するのかについてのシナリオを決めること」を製品戦略と呼びます。

戦略には企業全体の事業領域を決める企業戦略がありますが、製品戦略では、決められた事業領域の中で開発されるべき製品や技術の具体的な戦略を決めます。ただし、単純に企業戦略の下位概念として製品戦略があるわけではありません。製造業にとっては、製品こそが企業競争力と価値創造の中心に位置するため、製品戦略は経営戦略とオーバーラップし、そこで重要な部分を占めているからです。

1　製品戦略の基礎

(1) 製品戦略の目標

製品戦略において最も重要な目標は、競争力の高い新製品を継続的に開発できる仕組みをつくることです。これはさらに二つの目標にブレイクダウンできます。一つは、売り上げや利益を増やすというアウトプットとしての目標です。これは主に、高い商品競争力と低コストを持ち合わせた新製品を通じて、できるだけ大きな付加価値をできるだけ少ない投資によって実現することです。

付加価値を最大化するためには、第Ⅰ章で説明したように企業としての独自の強みが必要です。それがない限りは、競合企業との差異化ができず、高い利益を上げることはできません。しかし製品開発における強み（技術力や製品開発能力）は、短期間で構築できるものではありません。

このことから、製品戦略の二つめの目標が明らかになります。それは、製品開発における技術や組織に関する能力を蓄積することです。企業として持続的に利益を上げていくには、一つの成功にとどまるのではなく、競争力の高い新製品を開発し続けなければなりません。そのためには、長期的な視点から技術や能力を蓄積し、持続的な競争力を構築することが重要なのです。したがって、製品戦略の中で、その点についても明確にする必要があります。

なお、技術だけでなく、市場での地位やブランド力も、長期的な企業競争力を支える資源になります。これらに対しても同様に、今後進めていく製品開発がどのような貢献をもたらすのかを考える必要があります。

製品開発を重ねるにつれて、製品の差異性の源泉になる能力が強化され、それがまた次の製品開発で効果的に活用されるという好循環を創り上げることが大切です。つまり製品戦略に求められる最も重要なことは、長期的な視点に立って構築されるべき能力を明確にすることと、蓄えられた能力を効果的に利用する仕組みをつくることなのです。

(2) 戦略の役割──外部環境との関係

戦略と組織マネジメントの役割を比較しておきましょう。一般的に、戦略の役割は、企業の目的を達成するために、外部環境（市場環境や競争環境）にいかに対処していくのかを規定することです。一方、組織マネジメントの役割は、企業内部の整合をとることに主眼があります。

企業の業績を高めるには、企業内部のマネジメントを考えるだけではなく、外部環境と整合性を図ることが重要です。いくら組織の効率が高くても、顧客を喜ばせることができない、または競合企業に勝ることができなければ、意味がないからです。

製品戦略を考える際に、外部環境の中でも特に重要なのは「顧客」「競合企業」および「協力・補完企業」の三つです（図3-1）。図中にあるように、それぞれの頭文字をとって4Cと覚えておくのがよいでしょう。それらとのかかわりの中で、いかに自社から顧客へ提供する価

図３－１　製品戦略の役割

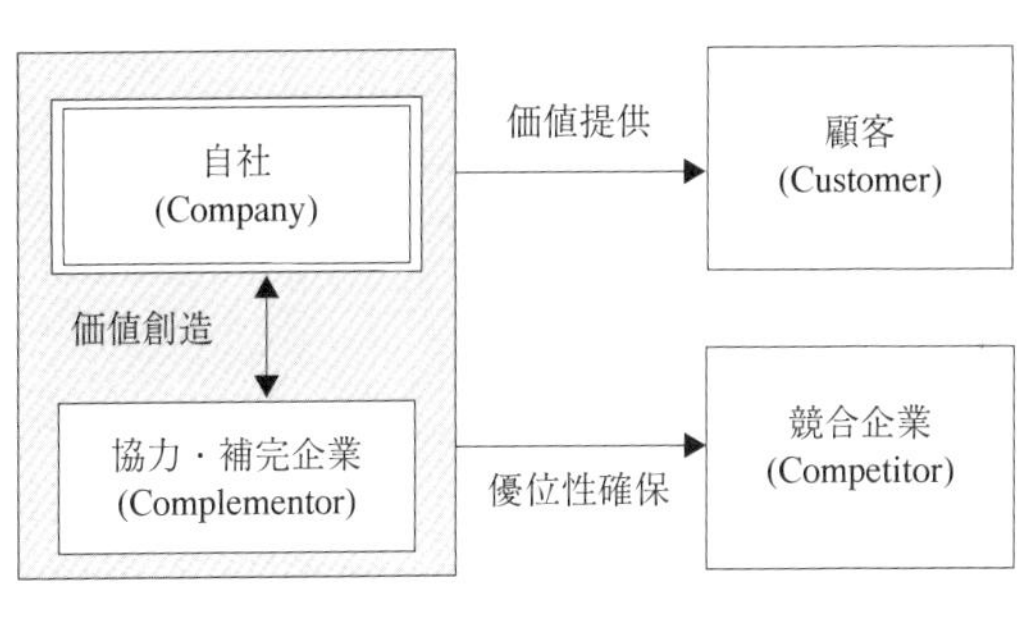

値を最大化するのかを考える必要があるのです。

①顧客および競合企業との関係　まず、顧客にとって、自社製品の価値の方が、競合製品の価値よりも、際立って高いものでなくてはいけません。いくら顧客が喜ぶ価値を持った製品であっても、競合企業も簡単に提供できる価値であれば企業の利益には結びつかないからです。

逆に、たとえ他企業の製品に勝っていても、それが顧客の価値へ結びつかない場合にも意味がありません。日本企業によく見られる傾向ですが、例えば他企業よりも少しでも高速のパソコンを開発したいといった、技術競争自体が目的になってしまうことがあります。しかし、顧客にとって、本当に大きな価値があるのかどうかの方が重要なのです。

つまり、競合製品に何かで差をつけたとしても、その差異が顧客の購買行動を変えるくらいに、重要なものなのか冷静に判断する必要があります。

②自社の能力　戦略は外部環境との整合性ですが、その整合

性を実現するためには自社の能力の高さも鍵になります。顧客への価値を競合企業以上にうまく創出する能力を、自社が十分に蓄積していなくてはいけません。すでに備わった組織能力を利用してうまく実施するのは組織マネジメントの役割ですが、持続的な競争力を実現するために長期的な視点から能力を蓄積しておくのは、戦略の役割だといえます。

③協力・補完企業との関係　次に、製品開発といってもすべてが企業内で完結するわけではありません。ほとんどの場合には、部品やデバイスを調達してきたり、技術をライセンスしたりというように、協力・補完企業が重要な役割を果たします。

協力・補完企業はその役割によって二種類に分けて考える必要があります。一つは部品や技術の供給企業（部品企業）です。例えば、自動車やパソコンでは部品の半分以上を外部から調達し、その設計開発の多くも外部企業に依存しています。

もう一つは、補完的な製品を販売する企業です。例えば、パソコン企業にとってのソフトウエア企業であり、自動車企業にとってはガソリンの製造・販売企業です。直接的に部品や材料を供給してもらうわけではありませんが、その企業が供給する製品次第で、自社で開発する製品の価値が高まります。

これら二種類の協力・補完企業と一緒になって、顧客価値が高くしかも競合企業よりも優れた製品の開発を可能にするための戦略が必要です。加えて、協力・補完企業と一緒に創造した価値の中から、自社が十分な利益を獲得できなければ意味がありません。つまり、自社がその価値創造の、より多くの部分に貢献することが大事です。

例えば、非常に価値の高いパソコンを開発しても、利益の多くをインテルやマイクロソフトに取られてしまうのでは、戦略として適切とはいえません。

(3) 三つの製品戦略

製品戦略には三つの重要な分野があります。一つめは「製品技術戦略」です。これは、どのような技術と製品を開発すれば、新製品の競争力を高めることができるのかに関する戦略です。

二つめは「製品市場戦略」であり、いかにして限られた資源と技術を使って、市場における顧客価値を創造するのかにかかわります。なおこの二つは比較的、短期的な視点に立った戦略だといえます。

一方で製品戦略には、長期的な競争力を蓄積していくことも求められます。そこで、三つめとして、長期的な視点から製品開発の方向性や計画を戦略的に考える「製品展開戦略」が必要になります。以下、これらを順に見ていきましょう。

2　製品技術戦略

(1)　技術開発のポートフォリオ

戦略の具体的なアウトプットとして重要なのは、資源配分の方法です。製品技術戦略の基礎となる技術開発戦略においては、具体的にどの技術の研究開発へ重点的に資源配分するのかを決めます。資源配分を考える場合に考慮すべき視点は、二つあります。

①技術分野の集中　図3-2にあるように、一つめは、技術分野をどの程度まで絞り込むのかという点です。つまり、ある分野の技術に集中的に資源投下するのか、広い範囲に分散させるのかという問題です。

特定の技術分野に集中することのメリットは、その技術分野では高い競争優位性を実現できる可能性が高いことです。独自性のある「コア技術」を開発するためには、そこへ集中的に投資することが必要です。競合企業と同じ規模の研究開発費を予算化しているとすると、特定の技術に集中することによって、その技術に関しては競合企業よりも投下する資源が多くなります。加えて、戦略的に絞り込んだ技術ですから、そこへ優秀な技術者を集中的に投入できます。

図3－2　技術開発戦略

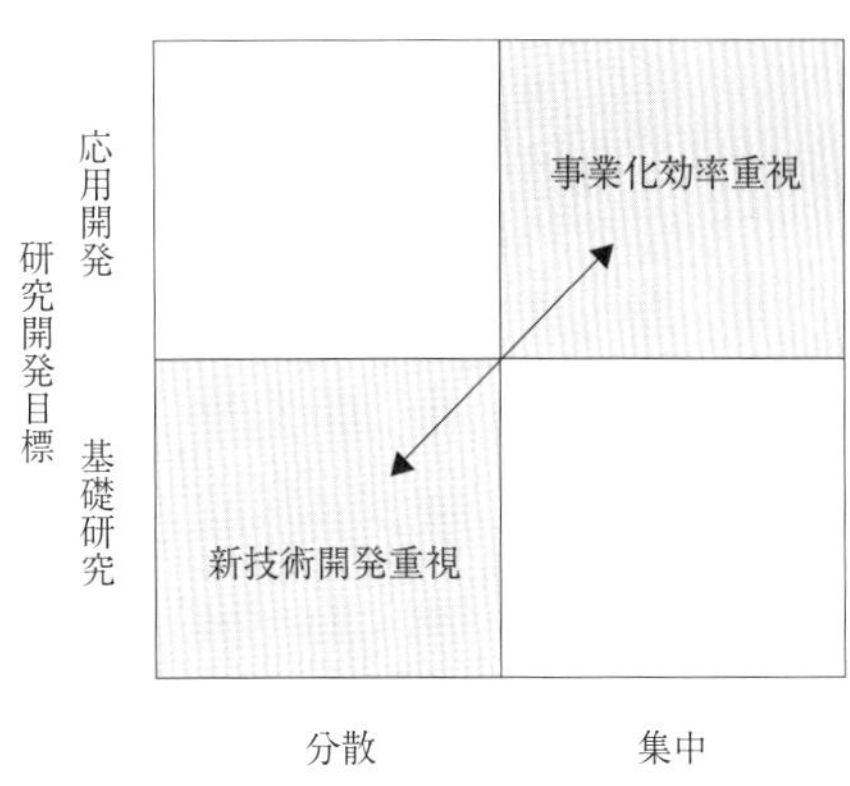

逆に分散させることのメリットは、新しく出現した技術や事業の芽に柔軟に対応できる可能性が高いということです。つまり、資源投下する技術分野を分散させることで、リスクを分散させることになります。

近年では競争環境がますます厳しくなってきており、集中することの比重が高まっています。「選択と集中」という言葉がよく聞かれるのはそのためで、可能性のある技術には何にでも手を出すといった姿勢は避けられる傾向にあります。しかし一方で、変化が早く次々と多様な技術が出現しているわけですから、集中することに付帯するリスクは一段と高くなっています。その結果、集中する対象を選択することが一層難しくなっているのです。

②**基礎研究と応用開発**　二つめは、基礎研究と応用開発のどちらを重視するのかという選択です。事

業として収益を確保するうえでは、既存の技術を応用した製品開発が有効です。しかし応用開発ばかりでは、技術的な競争優位を維持できません。

近年の傾向を見ると、応用開発の比重が高まっているといえます。逆に基礎研究はその取り組み方に見直しが迫られています。これには様々な要因が影響しています。株主や証券市場からの短期的な利益最大化への圧力が高まっていることも一因です。そこでは、キャッシュフローを生まない基礎研究は、将来のアウトプットに確信がもてない限りは、無駄な投資だと受け取られがちです。

基礎研究に対する考え方を改める必要がある理由としてこうした要因以上に重要なのは、技術の進歩が一段と加速しているうえに製品化までの時間も大幅に短縮化していることです。そのため、技術開発と同時に製品開発も実施する必要が生じているのです。基礎研究だからといって技術をゆっくりと育てていては、競争に勝てなくなりつつあります。

図3-2で見ると、近年は右上の「事業化効率重視」の方向に向けた戦略を志向する企業が増えています。つまり、様々な技術分野において基礎研究を行って新技術開発の可能性を重視するというよりも、企業の強みである特定の技術に集中し、その技術を応用して多くの新製品を開発・導入する戦略を目指しているのです。この考え方が、次に説明する「コア技術戦略」の基盤になっています。

(2) コア技術戦略

コア技術戦略とは、特定の技術分野に集中することによって競争優位を確かなものとし、さらにはその技術をベースとした新製品を次々と開発・導入する戦略です。

コア技術戦略が重要視されているのは、それ以外の戦略では、企業が技術によって突出した優位性を持つことがますます難しくなっているからです。どの企業の研究者も同じような情報を共有し、技術のトレンドに関する認識もさほど異なりません。そのような中では、たとえある企業が少しだけ早く新技術の開発に成功したとしても、その技術優位性を長期間にわたり維持し利益に結びつけることはできません。

特定技術に競合企業よりも長期間にわたって、より多くの技術開発投資や製品開発を実施し続けることによってのみ、その技術での優位性を保つことができます。そのためには、製品と技術に関して長期的で一貫性のある戦略が必要になります。それがコア技術戦略を成功させるための鍵なのです。

したがってコア技術には、技術的な優位性が長期間にわたり持続され、しかも応用範囲が広いことが求められます。これらの条件を満たす代表例としては、シャープの液晶技術や３Ｍ（米国）の接着技術などがあげられます。もちろんコア技術は一社に一つだけとは限りません。３Ｍはコア技術戦略をとっている代表的な企業ですが、現時点では接着技術のほかに不織布技術やマイクロ複製技術など、約四〇のコア技術があります。3Mはコア技術を「テクノロジー・プラットフォーム」と呼んでいます。

①コア技術の選択と育成　コア技術戦略のポイントは二段階に分けて考えることができます。第一段階は、優れたコア技術を開発し育成することです。ここでは、まず何を企業の製品戦略の核となり得るコア技術にするのか戦略的に選択し、そこへ資源を集中的に投資します。他企業と同じことをやっていたのでは、独自性を長期間にわたって保てるようなコア技術を育成することはできません。

技術的に競合企業に勝つ可能性を高める方法は、二つあります。一つは、他企業がまだあまり取り組んでいない技術を選択し、競合企業よりも早くから本格的に取り組むことです。そのためには、将来の重要性や発展性が一般的に認識される前に研究開発を開始しなくてはいけません。競合企業よりも早くから本格的に取り組み、長期的に試行錯誤を繰り返して開発した技術やノウハウであれば、他企業が急に追いつこうと思っても簡単にはできません。シャープが液晶で独自的な強みをもてたのは、この戦略が成功したからです。

もう一つは、ある特定の技術の研究開発に資源を集中させることです。例えば、同じような規模の企業であれば、ある特定の技術に集中した企業の方が、分散させている企業よりもその技術に関してはより多くの研究開発ができることになります。そうすれば、競合企業よりも優れた技術を開発できる可能性は高まります。
ある技術に選択集中し、しかも長期的視点から投資することはリスクも伴います。しかし競争が厳しい環境では、リスクの小さいことばかりでは、決して競争力を得ることはできません。コア技術を育成するためにも、ある程度のリスクには、チャレンジしていくことが必要です。

②コア技術を「しゃぶりつくす」多様な製品開発　次に第二段階では、そのコア技術を使って様々な製品開発を実施します。ここでの目標は二つあります。一つは、独自的なコア技術をうまく顧客ニーズにあった製品に結びつけ、競争優位性の高い新製品を開発することです。もう一つは、製品化を行うことによって、その企業のコア技術をより一層優れたものへと鍛えることです。

ここで鍵となるのは、戦略的なコア技術として位置づけた後は、その技術をなるべく多様な製品開発に利用するように徹底することです。

例えば、シャープは液晶をコア技術と規定し、それを電卓、ワープロ、携帯情報機器、ＰＣモニター、液晶テレビなど、さらには、洗濯機、冷蔵庫、エアコンにまで、徹底的に利用しています。大ヒットした液晶付き携帯用ビデオカメラは特に象徴的です。シャープがその製品を開発した当時は、ソニーを筆頭にして、軽量化と小型化がトレンドであり、ユーザー調査でもそれが求められていました。コア技術戦略がなければ、当然のように企業はそのトレンドにあった製品を開発しようとするはずです。

しかし、コア技術戦略を徹底しようとしていたシャープでは、競合企業と同じようなコンセプトと技術を使って過当競争するよりも、何とかコア技術である液晶を活用し独自性を強調することを選択しました。液晶画面を付けると、サイズは大きくかつ重くなるので、その点では消費者の顕在ニーズに応えることができません。したがってそのマイナスを補ってあまりある価値を提供する必要があったのです。

結果的に、撮影直後に映像を確認したいとか、結婚式の会場で式後にみんなで見たいといった潜在ニーズとうまく合致し、液晶付きビデオカメラは大変な人気を博すに至ったのです。しかもコア技術を基盤にしていたために、競合企業はなかなか追従できませんでした。

３Ｍでは、約四〇あるといわれるコア技術（テクノロジー・プラットフォーム）に関連する技術開発、およびそれを使った新製品のアイデアであれば、技術者個人の自由にまかせた創造的な開発を奨励します。しかし、３Ｍが定めたテクノロジー・プラットフォームと関係のない製品開発は、決して高く評価されません。特に強調されているのは、①コア技術の一つを利用してこれまでにない顧客価値を生み出す、②複数のコア技術を組み合わせて新製品を提案する、③埋もれたコア技術を何とか利用して製品化する、の三点です。コア技術を使うことが奨

図3-3　シャープのコア技術と製品のスパイラル戦略

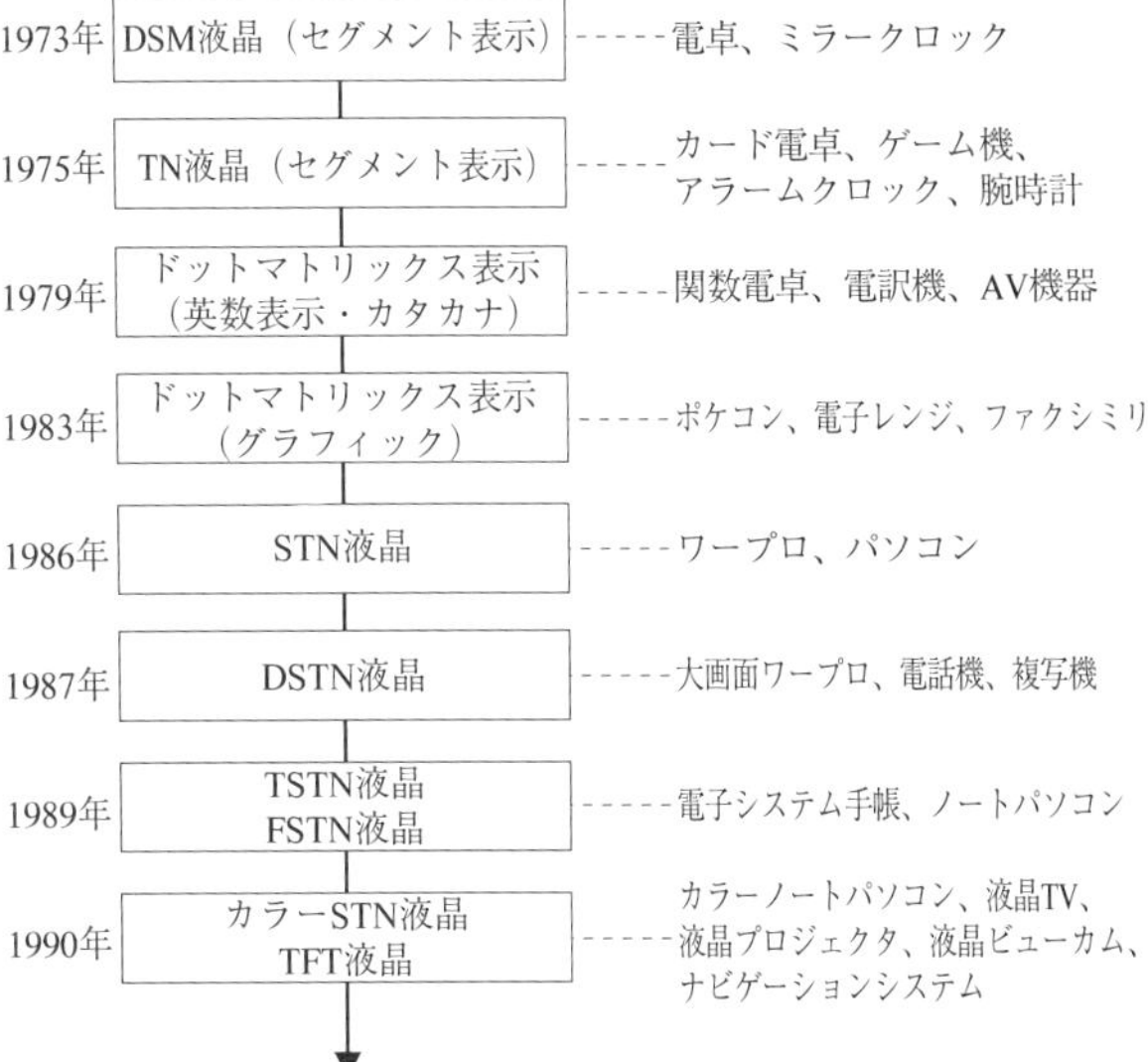

（出所）　浅田篤（1996）の中にある図に、年代を筆者加筆

励されているというよりも、それを使うように限定されているのです。

このように、選択したコア技術を3Mの言葉でいえば「しゃぶりつくす」ことによって、毎年五〇〇以上の新製品を導入し、しかも高い利益率を維持しているのです。

③コア技術を使うことによる学習効果　さらには、徹底してコア技術を応用することによって、その技術を鍛えることができます。たとえ、開発した新製品が市場で失敗したとしても、コア技術にとっては有意義な学習をもたらします。そのため3Mでは、コア技術を使っている限りは失敗が許容されるどころか、奨励

さえされているのです。

シャープでも、コア技術戦略の学習的な効果を強調しています。同社は一九七三年に初めて液晶の量産化に成功し、電卓の表示パネルとしてＤＳＭ液晶を利用しました。その後、図３-３にあるように、液晶技術を発展させていくと同時に、それを利用した製品も次々に開発・導入しています。製品の中には、成功しなかったものも少なくありません。しかし、失敗も無駄ではなかったのです。

というのも、応用して製品化することによって技術が鍛えられるからです。実際に量産して市場に出すことによって初めて顕在化する技術的な問題が多いのです。製造の品質を上げて歩留まりを高めるためのノウハウは、量産しなくては蓄積できません。また、市場導入後、顧客が様々な状況で使用して初めて明らかになる問題も少なくありません。このような学習過程の中で、新しい世代の液晶技術を開発するためのヒントに気付くことができます。技術（デバイス）と製品が、相乗効果をもちながら発展していくのです。シャープでは、これを「スパイラル戦略」と名付けています。

(3) プロダクトアウト戦略としてのコア技術戦略

コア技術戦略はまた、良い意味でのプロダクトアウトの戦略だといえます。

図3-4　マーケットイン戦略とプロダクトアウト戦略

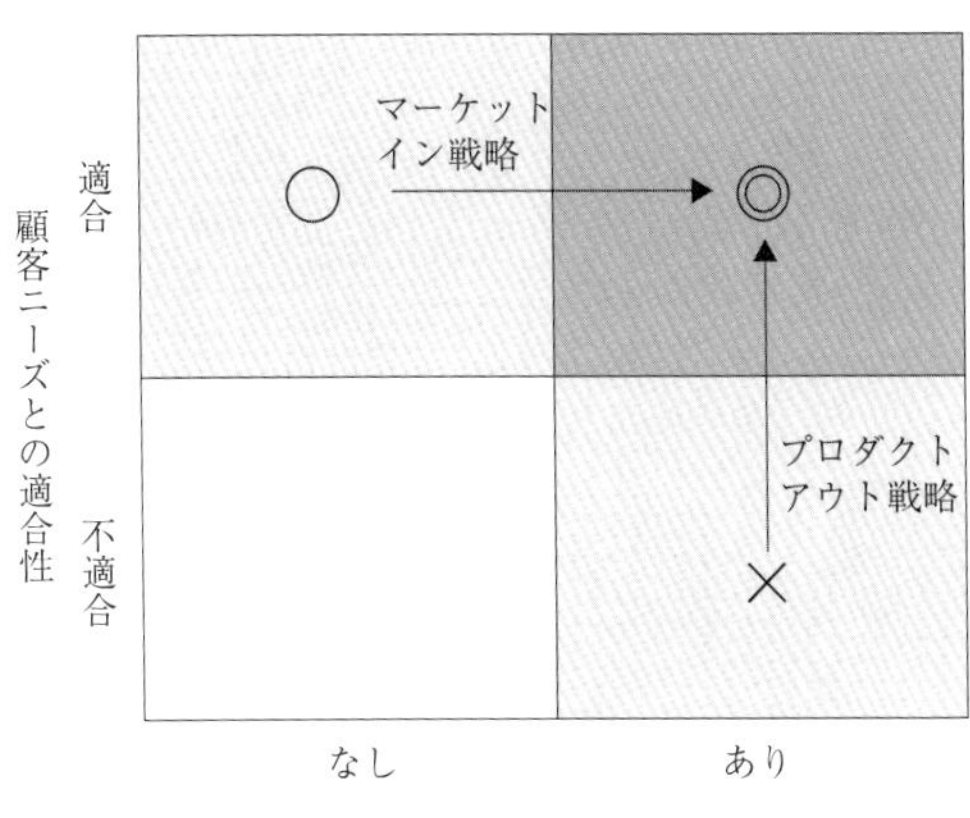

通常、プロダクトアウトよりもマーケットインの方こそが、良い戦略だといわれます。つまり、企業の都合や技術者のエゴで新製品を開発し市場へ出すプロダクトアウトよりも、市場や顧客のニーズに対応するマーケットインの方が良いからです。

しかし、コア技術戦略は良い意味でのプロダクトアウト戦略なのです。では、なぜそれが有効なのか、マーケットイン戦略と比較しながら、見ていきましょう。

①両戦略の定義と比較　ここでは、両戦略を図3-4に示したように定義します。顧客ニーズへの適合を優先することがマーケットイン、コア技術の利用を優先することがプロダクトアウトということです。ここで「優先する」というのは、製品開発のスタート時点での優先項目を意味しま

す。

再びシャープのビデオカメラの例で考えてみましょう。マーケットイン戦略であれば、「ユーザーは小型・軽量を欲しているので、少しでも小さく軽いビデオカメラを開発しよう」ということから開発をスタートさせるでしょう。一方で、プロダクトアウト戦略であれば、「わが社のコア技術である液晶技術を何とか利用しよう」というところからスタートします。

ここで重要なのは、究極的な目標は同じだということです。つまり、目標はどちらも、図中の二重丸で示しているように、競合企業に対して優位性のある技術（コア技術）を使いながら、顧客ニーズに合致した製品を開発することなのです。では、その目標に達するにはどちらの戦略がよいのでしょうか。

マーケットイン戦略は基本的に、顕在化したニーズに対応する戦略です。ビデオカメラでいえば、小型・軽量です。しかしこのニーズに合わせながら、その点で独自技術によって優位性を実現しようと思っても、容易ではないことが予想されます。半面、強みとなる技術がなくても、小型・軽量というトレンドにあった製品ですから、ある程度は売れることが期待できます。そのため、図3-4では◎へ到達しない場合でも、○をつけています。

一方、プロダクトアウト戦略では、独自のコア技術を使うということからスタートします。そのため、その技術を何とか顧客ニーズに結びつける製品コンセプトを創造する必要があります。これも容易なことではありません。しかもこの場合、顧客ニーズに結びつけることができなければ、×をつけているように、企業の技術エゴだけが目立った、全く売れない製品になってしまいます。

②プロダクトアウト戦略の相対的優位性　となると、やはりマーケットイン戦略の方がよいということでしょうか。しかし競争の厳しい市場環境を前提にするならば、そうとは言い難いでしょう。なぜなら、すでに繰り返し述べたように、単に顧客ニーズに合わせただけでは十分な利益は上げられないからです。ビデオカメラの例でも、小型・軽量をめぐる過当競争が起こり、ある程度は売り上げを得られても、必ずしも利益には結びつきません。

つまり、まねをされない独自の技術と、顧客ニーズへの合致の両方を実現することが近年における成功の必要条件となっているのです。

このことを踏まえてもう一度考えてみると、プロダクトアウト戦略の方がこの条件を満たす可能性が高いといえます。マーケットイン戦略では、まねをされない技術を作り出すことが難しすぎます。まねをされない技術とは、通常は時間をかけて優位性を積み上げてきた技術だからです。

もちろんプロダクトアウト戦略で必要とされる、コア技術の特徴に合わせた新しい顧客ニーズの創造（または潜在ニーズの掘り起こし）も一筋縄ではいきませんが、可能性はより高いといえます。

結論としては、コア技術戦略がうまくできる条件が揃えば、マーケットインよりもプロダクトアウトのほうが、現在の厳しい競争環境には合っているといえます。ただし、コア技術戦略を成功させるためには、自社のコア技術を顧客の価値に結びつけるための、創造的な製品コンセプトを構築する能力が前提条件となります。この能力構築のために、例えばシャープでは社長直轄の「生活ソフトセンター」という組織をつくり、コンセプト創造能力の構築に真剣に取り組んできたのです。

3　製品市場戦略

市場でいかに戦っていくのかに関する長期的な設計図が、製品市場戦略の役割です。市場戦略を考える場合には通常、製品ポジショニングやターゲットユーザー、セールスポイント、価格設定といったマーケティングの視点が重視されます。しかし、製品開発の戦略としては、これらだけでは不十分です。ここでは、マーケティングと技術・製品開発を統合的に考えることが製品市場戦略のキーポイントになります。

最近の市場競争の特徴は三点に集約できます。第一に、成長の鈍化した限られた市場であるにもかかわらず、多種多様な新製品が頻繁に開発導入されていることです。多くの産業において製品ライフサイクルが短縮化し、製品種類が増え続けてきました。企業はこれにあわせて次々に新製品を導入しなければ勝ち目がない状況です。その結果、開発投資も増えてきました。

第二に、多くの新製品が導入される中で、どの製品が売れるのかが一段と予測しづらくなっています。製品のハードに関する基本的な機能以上に、顧客の嗜好や感性との適合性が商品の売れ行きに大きな影響を持っているのが、販売予測を困難にする一因となっています。

第三に、市場競争は一段と厳しく、徹底的な低コストの追求も同時に求められています。不確実性の高い状況の中で新製品を頻繁に開発導入すれば、収益性は低下してしまいます。

このような環境下、どのような製品市場戦略が有効なのでしょうか。この問題を考えるために、まずは新製品導入数（または頻度）の多寡によって、市場でのシェアがどのような影響を受けるかについて見てみましょう。

(1) 新製品導入頻度

実証研究をベースにこれを単純化して描いたものが図3-5です。売れる製品がわかりにくい市場環境でも、新製品を多く導入することによってリスクを分散させることができます。つ

図3－5　新製品数（導入頻度）と市場シェアの関係

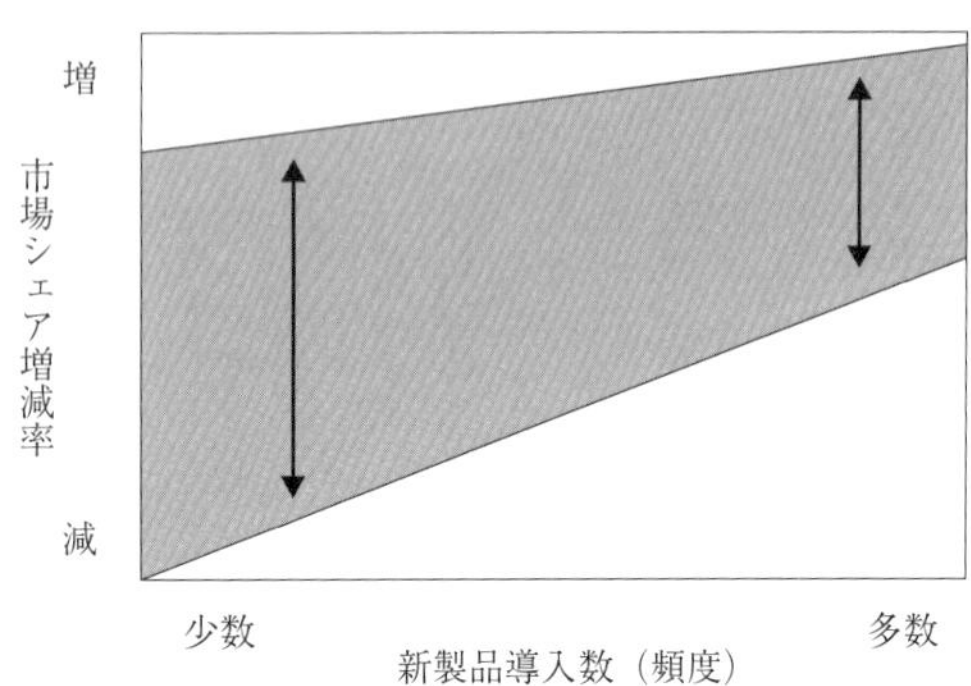

（出所）　延岡（1996）の実証研究から作成

まり、矢印で示しているように、新製品を多く導入すると、その期間中に期待される市場シェア増減の分散が小さくなります。同時に、市場シェア増減の平均も当然増加します。

しかし、新製品を多く開発導入すると、多大な投資が必要になると同時に個々の製品の生産量が少なくなって、コストが高くなります。しかも不確実性が高い中では、新製品が多いからといって、それに比例して市場シェアが増えるわけではありません。

一方、新製品が少なくても、一つの新製品がヒットすれば市場シェアを高めることができます。売れる製品がわかりにくい環境では、同じような機能をもった製品でも、売れ方に大きな差が出ることも珍しくありません。例えば、二〇〇〇年前後の市場を見ると、自動車であればホンダ、ノートパソコンであればソニーが特定の製品のヒットによってシェアを大きく伸ばしましたが、機能的には他社とそれほどの差異は見受けられません。

これらを背景として、新製品の導入頻度に関しては二つの戦略が考えられます。

一つめは、選択と集中を徹底して、限られた数の新製品でヒットを狙う戦略です。実現できれば、投資もそこへ集中しているのですから、利益率も高くなります。しかし、図3-5からもわかるように、市場シェアを減らすリスクが高くなります。

二つめは、多数の新製品をなるべく小さい投資と低い開発・製造コストで開発する戦略です。この場合は、多様な製品を低コストで次々に導入できる組織能力が鍵になります。

どちらの戦略がよいのかということについて明確な答えはありません。しかし一般的には、現在の市場環境を考えると、限られた製品を確実にヒットさせることができる何かを持っている企業以外は、二つめの多くの新製品を効率的に開発・導入する戦略のほうが有利だといえるでしょう。

例えば、自動車産業でいうと、一番目の戦略をとっているのはメルセデス・ベンツやＢＭＷといった欧州の高級車メーカーです。一方、トヨタやＧＭを筆頭にその他の企業はすべて二番めの戦略をとっています。メルセデスやＢＭＷはブランド力が著しく強い、例外的な企業といえます。一般的には、多くの優れた新製品を、投資とコストを抑えながらも迅速に開発できる能力が重要なのです。そこで本章ではこの戦略を中心に考えていきましょう。

用　語　解　説

――規模と範囲の経済性、経験曲線効果――

製品開発を考える際に、最も重要な原理原則です。これらの要因をきちんと戦略に盛り込むことは、技術や設計の改善によってコストダウンを追求すること以上に、製造コストにとって決定的な役割を果たします。

規模の経済性とは、製品の生産量が増加することによって、その製品1個当たりの生産コストが低下するという特性です。固定費を大量の製品で分配できること、大量生産のための専用的な設備やプロセスが導入できることなどが、コスト低減の主な理由です。本書で、「量産効果」や「数量効果」という言葉を使う場合には、規模の経済性によりコストが低減されていることを意味しています。

範囲の経済性とは、複数の異なる種類の製品を生産することを理由に、それぞれの種類の製品1個当たりの生産コストが低下する場合の特性を意味します。例えば、複数の種類の製品が同じ部品や設備を共用している場合には、コストが低下します。共用している部分について規模の経済性がでるからです。

最後に、規模の生産性と似て非なる特性が経験曲線効果です。これは、ある製品の「累積」生産量が増加すれば、製品1個当たりの生産コストが低下する特性です。これをもたらす要因としては、従業員や組織が特定の生産業務を習熟（学習）することがあげられます。そのため、学習効果とも呼ばれます。同時に、生産設備や生産プロセスの改善も、経験曲線効果をもたらします。

多くの製品を短いライフサイクルで次々に開発する場合、一つの製品による規模の経済性（量産効果）は期待できません。そのためコストを低減するには、範囲の経済性（資源共有化による経済性）を利用するしかないのです。つまり、資源を複数の製品で共用しながらも、特徴の際立った多様な新製品を開発することが重要なのです。

それを実現するための代表的な戦略として、マスカスタマイゼーションがあります。この戦略を理解するために、まずは低コスト戦略と高付加価値戦略の分類から見ていきましょう。

(2) 低コスト戦略と高付加価値戦略

製品戦略の分類として最も一般的なのは、低コスト戦略（コストリーダーシップ戦略）と高付加価値戦略（差別化戦略）の分類です。製品の単位当たりの利潤は、最も単純に考えると価格とコストの差です。それを大きくするためには、コストを下げるか顧客価値（価格）を上げるかの、どちらかしかありません。低コスト戦略と高付加価値戦略はそれぞれに対応するものです。それらの戦略を実現する方法は一つではありませんが、ここでは最も典型的なパターンを考えましょう。

①低コスト戦略　これを実現するために通常必要とされるのは、量産効果です。つまり、なるべく標準化した製品を大量生産し、規模の経済性を利用することが、コスト低減には最も効

果的です。具体的な製品戦略としては、製品種類を絞り込み、しかもそれらをなるべく長く作り続けます。また、個別の企業や顧客に合わせた特別な仕様にするのではなく、汎用品としてなるべく大きな顧客層をターゲットとして狙うことが重要です。

②高付加価値戦略　逆に、高付加価値戦略のために効果的な方法の一つは、個別の顧客の要望を忠実に反映させることです。そこでカスタマイズした製品（特注品）を一つずつクラフト（手工業）的に生産することになります。もちろんコストは高くなりますが、高価格で販売できます。またターゲットユーザーを絞り込み、独自の特徴的な製品開発を行いやすいといえます。例えばスーツでいうと、既製品を大量生産しコスト低減を狙う場合は低コスト戦略であり、オーダーメードによって顧客それぞれに合わせて開発する場合が高付加価値戦略です。

一九二〇年代に米国で争っていたフォードとGMの戦略が象徴的です。フォードはT型フォードを中心に大量生産によって低コスト戦略を狙い、GMは多くの製品ラインやバリエーションを提供する高付加価値戦略をとりました。

フォードとGMの例では、GMが勝利することになったのですが、これらの二種類の戦略はどちらかが必ずしも良いということはありません。市場や競争環境によって、どちらの戦略がより適しているのかが決まります。重要なことは、どちらが良いかということではなく、どちらかを明確に選択し、その戦略を徹底することです。中途半端であれば、開発、製造、販売な

図3-6　マスカスタマイゼーション

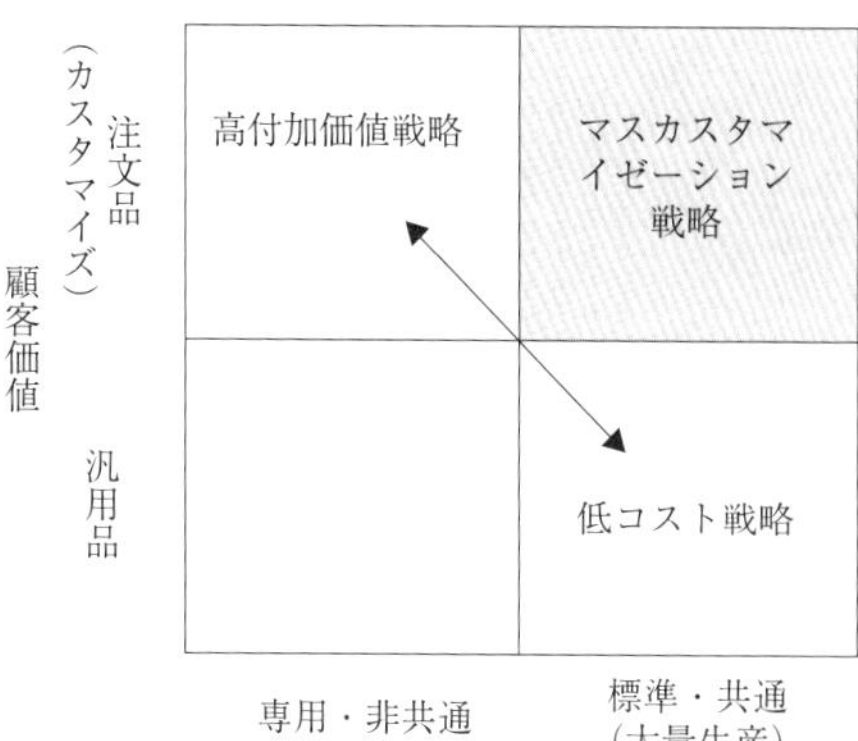

どの仕組みや業務に一貫性が欠けてしまいます。それが最も良くないのです。

(3) マスカスタマイゼーション戦略

低コスト戦略と高付加価値戦略を中途半端に狙うのは良くないと説明しましたが、実は、近年の高業績企業はそれら両方の良い部分を組み合わせる戦略を実現させています。

つまり、製品技術ではなるべく標準化することによって大量生産（mass production）と低コストを実現し、一方、製品の価値としては個別の顧客の注文にできるだけ合わせた(customization)ものにするのです。この戦略を、マスプロダクションとカスタマイゼーションの言葉を組み合わせて、マスカスタマイゼーションと呼びます。図3-6はこれを図示したものです。

マスカスタマイゼーションを実現させるための基本となる戦略は、技術や部品を共通化しながらも、多様な商品を多様な顧客ニーズに合わせて開発することです。つまり、製品開発や製造に投入される資源を最小化しながら、製品が多様な顧客に対応することにより創造される顧客価値を最大化するのです。

マスカスタマイゼーションを実現するための具体的な戦略には、二通りあります。それは、部品共通化戦略と高付加価値汎用化戦略です。

①部品共通化戦略　複数の製品の間でなるべく多くの部品を共通化して、それらの部品については量産効果を利用して低コストを実現します。一方で、製品としては、共通化しない部分を最大限に活用しながら、個々の製品がなるべく差異化（カスタマイズ）された価値を持つようにします。この戦略のポイントは、なるべく多くを共通化する中で、どの部分を差異化すれば個別の製品としての価値が最大化するのかを見極めることです。

例えば、自動車ではアンダーボディやエンジン、サスペンションなどからなるプラットフォームを共通化して多様な製品を開発し、それらを市場では全く異なった製品として販売する戦略が重要になっています。RV（リクレーショナル・ビークル）やミニバンと呼ばれる背の高いワゴンタイプの車も、多くの場合は普通のセダン車と同じプラットフォームを使います。

自動車では、見えない部分は、なかなか差異化のポイントになりません。ですから、見えない部分をなるべく共通化しながら、見える部分で異なった顧客ニーズに合わせていきます。

共通化戦略を実施するためには、製品戦略を立てるプロセスも変更しなくてはいけません。例えばリコーは、効果的な共通化戦略を実施するために、九〇年代に入って複写機の開発に「群開発」という戦略を導入しました。複写機にはアナログとデジタル、白黒とカラーなど技術的にかなり異なる多くの機種があり、以前は個々の製品間での調整がなく別個に開発されていました。それぞれの製品を大量生産できた時代には大きな問題とはなりませんでしたが、市場環境は大きく変化しました。

そこで「商品群マスタープラン」と呼ばれる、複写機の製品群をカバーした開発戦略を立てるプロセスが導入されました。このプロセスでは、経営資源や技術、部品を最大限に共有化しつつ製品間では最大限の差異化を実現する戦略が、徹底的に議論されます。

商品群マスタープランや製品開発間の調整がもたらすメリットは、資源の共有化による効率の向上だけではありません。全社的になるべく多くの製品に使うべき中核的な技術を明確にし、そこへ経営資源を戦略的に集中させることができます。また、その技術を迅速に複数製品へ展開することもできます。これによって、個別製品開発のスピードだけでなく、全社的な技術移転や組織学習の質とスピードを向上させることもできます。

②高付加価値汎用化戦略　これは、顧客ニーズが異なるために、通常のやり方であれば技術

や設計が異なり複数の製品に分けられてしまうものを、なんとか汎用的な製品にする戦略です。その際、個々の顧客ニーズに対応することによる付加価値の高さは保ったままでなくては、もちろん意味がありません。

例えば、企業用情報システムのソフトウエアは従来、情報システム企業が顧客企業の要望に応じてカスタマイズするのが一般的でした。しかし、近年はパッケージ化されたものが増えています。個々の顧客ニーズをうまく凝縮した形で一つの汎用的な製品として開発するのです。世界的に見ると、ドイツのSAP社が購買・製造・物流・販売の基幹業務システムのためのパッケージソフトを開発して大きな成功を収めています。別の例では、設計で使用されるCADシステムも従来は各企業で個別に構築されていましたが、今ではほとんどすべてパッケージ化されています。

逆に、日本の情報システム企業は顧客の要望どおりに開発することがベストだと考え、パッケージ化の努力を怠る傾向が強く、これが日本のソフトウエア企業の競争力に悪影響を与えた可能性もあります。

ファクトリー・オートメーション（FA）用センサーのメーカーであるキーエンスも、高付加価値汎用化戦略が特徴になっています。同社は一九九〇年代から一〇年以上、一貫して四〇％近い売上高利益率を実現しています。

ＦＡセンサーは、顧客の各工場に適合させるため、特注品になる傾向が強い製品です。しかしキーエンスはトヨタや松下といった大手の顧客からの要望であっても、それらの企業に合わせた特注品を開発しません。注文された機能は実現しながらも、なんとか標準化して大量生産に結びつけます。個々の顧客ニーズは満たしつつ低コスト化するので、顧客価値は高いといえます。

このような製品開発を実現するために、キーエンスでは約一〇〇〇人強の全従業員のうち、半数以上が営業部門に配属されます。この営業部隊は数万社にものぼる顧客企業の現場を歩き回り、顕在化したものだけでなく、潜在的なニーズまでも集めてきます。潜在的なニーズを掘り起こすうえでは、数量的な市場調査は意味がありません。彼らは、標準化しながらも個別の顧客にとって高い価値を持つような新製品のアイデアを創造するために、膨大な顧客情報を統合する役割を担っているのです。同社ではこのような仕組みによって、標準化と高付加価値のメリットを融合させています。

生産財メーカーの多くは、顧客第一主義のもとに個々の顧客からの要望に忠実に応えることを最大限に重視します。要望のままに特注品を開発する方が実は簡単です。しかしそのような経営では、キーエンスのような高付加価値汎用化戦略を実現することはできないのです。この戦略は顧客ドリブンではなく、市場ドリブンの戦略ということもできます。

4　製品展開戦略

製品戦略に関する重要な点の一つは、複数の製品ラインの組み合わせ（プロダクトミックス）を長期的にどのようにマネジメントしていくのかにあります。このことは、これまでに取り上げたコア技術戦略やマスカスタマイゼーション戦略の説明からも示唆されています。

コア技術戦略であれば、企業の強みを体現している特定のコア技術に焦点を絞り、それをベースにいろいろな応用製品を開発することによって付加価値を高めます。また、マスカスタマイゼーション戦略であれば、複数の製品間で技術や部品を共通化しながらも、個別の顧客へは高い価値を提供することがポイントです。

これらの戦略を効果的に実現するためには、長期的な製品・技術の展開戦略が必要です。これはまた、製品や技術をどのように展開させていくのかによって、企業が長期的に蓄積する能力や知識が強い影響を受けるということです。将来的にある製造企業がどのような方向に発展していくのかを決定するといっても過言ではありません。したがって初めに、製品ドメインとその発展方向を決める必要があります。

図３－７　製品ドメイン発展の戦略

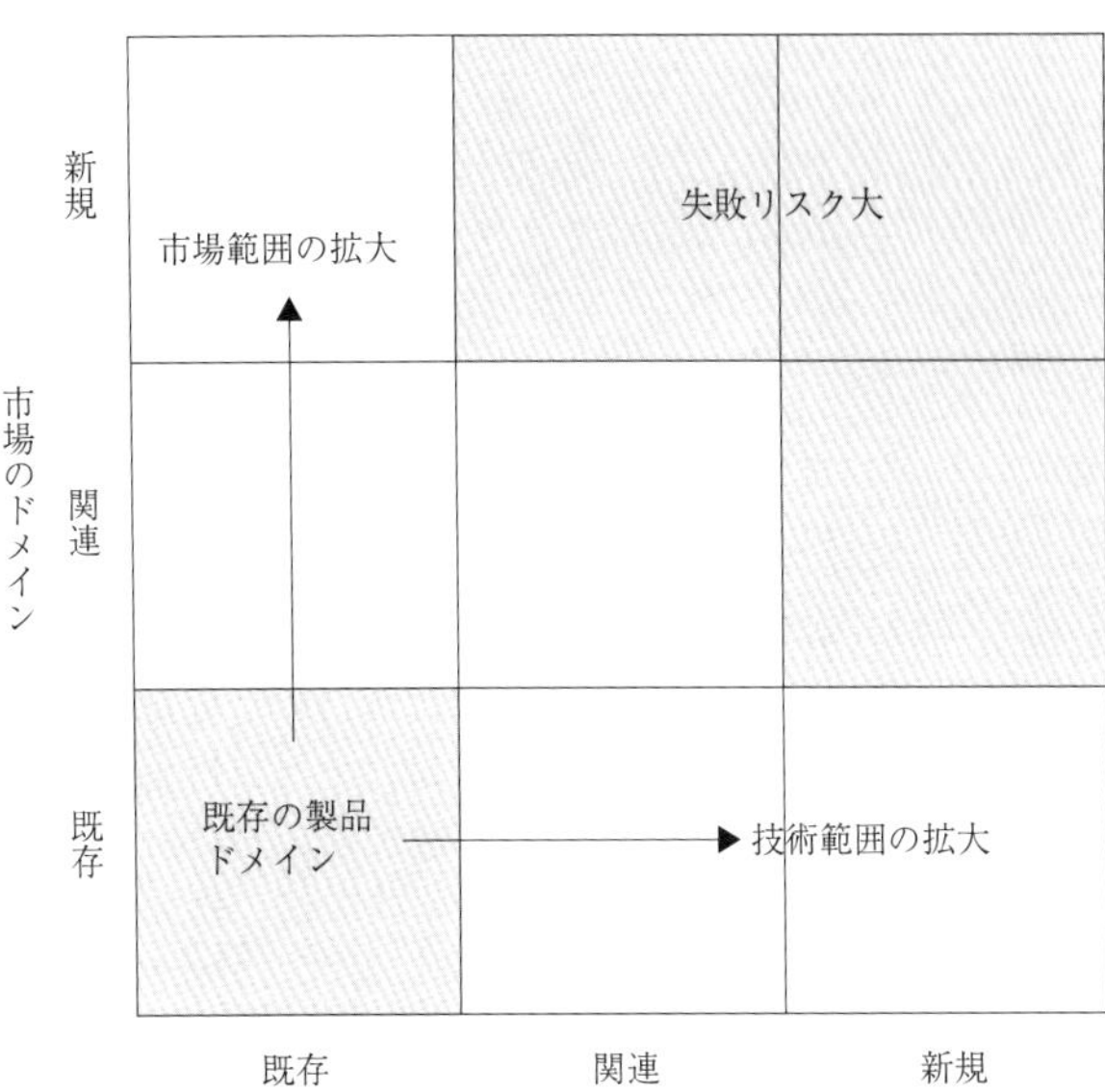

(1) 製品ドメイン戦略

製品ドメインとは、企業が持つ製品群の範囲を意味します。製品ドメインは、図３－７に示しているように、カバーする市場の範囲と技術の範囲によって考えることができます。

市場と技術のドメインに関する特徴は、個々の企業がとっている戦略によって大きく異なります。例えば、大手自動車部品メーカーのデンソーには、コンプレッサーから半導体まで広い範囲の技術がありますが、市場としては自動車産業にほとんど集中しています。一方、素材メーカーに代表されるように、技術は限られていても、市場としては日常生活で使う簡単な容器から航空機部品までカバーしているような企業もあります。

新製品開発の展開戦略を、図3-7の枠組みで考えてみましょう。まず、既存の製品ドメインの中で、新製品を開発したり既存製品を改善したりする戦略があります。しかし、変化の早い競争環境を考えると、既存ドメインの中だけで健全な経営を長期間持続することは困難です。そこで、製品ドメインを拡大していく必要があります。

ここでの基本的な戦略は二つあります。一番めは、市場範囲の拡大で、既存の技術を使って、新たな市場や顧客に対応する戦略です。コア技術戦略はこのドメイン拡大戦略を多用します。例えば京セラは、半導体製造機器から自動車エンジン部品など、セラミック技術を次々に新しい分野に応用しています。

二番めは、技術範囲の拡大で、既存の市場へ新しい技術を使った新製品を次々に導入する戦略です。例えば任天堂は、同じ玩具（ゲーム）の市場でありながら、新たにコンピュータ技術を活用することによって、テレビゲーム事業に参入しました。これは、技術に強みを見いだすというよりも、娯楽ゲーム市場に関する強みを活用する戦略です。

企業の技術的な強みに焦点を当てた戦略であれば、その技術を多様な市場へ応用した製品開発が適しています。逆に、市場の中での基盤を企業の強みとする場合は、その基盤を活用しつつ技術的に拡大していくのが適しています。

これらのドメイン拡大戦略は、広い意味での多角化戦略と呼ぶことができます。既存の製品ドメインから大きく離れすぎた多角化は成功の確率が低いことが、すでに研究で明らかになっています（図3-7の中で「失敗リスク大」のエリア）。技術や市場に関する強みとは関係のない製品開発を実施しても、競争優位を得ることは難しいということです。つまり、既存の強みに過度に拘束されることも、全く関連性のない事業へジャンプすることも、共に避けなくてはいけないのです。

(2) 製品展開マップとプラットフォーム戦略

製品ドメインの戦略を、もう少し具体的な戦略ツールにブレイクダウンしてみましょう。製品戦略における重要な課題の一つは、製品開発と技術開発の長期的な連鎖をデザインすることです。連鎖のポイントは、既存の技術がうまく多様な製品に活用されるということと、長期的な組織学習との整合性がとれていることです。前述のシャープのコア技術を中心としたスパイラル戦略も、製品連鎖と長期的な学習の両方を意図したものです。ここでは、製品連鎖を具体的に考えるために、その基本的なツールとして、製品展開マップを紹介します。

製品展開マップとは、プロダクトミックスと、ミックス全体の長期的展開の設計図です。製

図3-8　技術プラットフォームと製品プラットフォーム

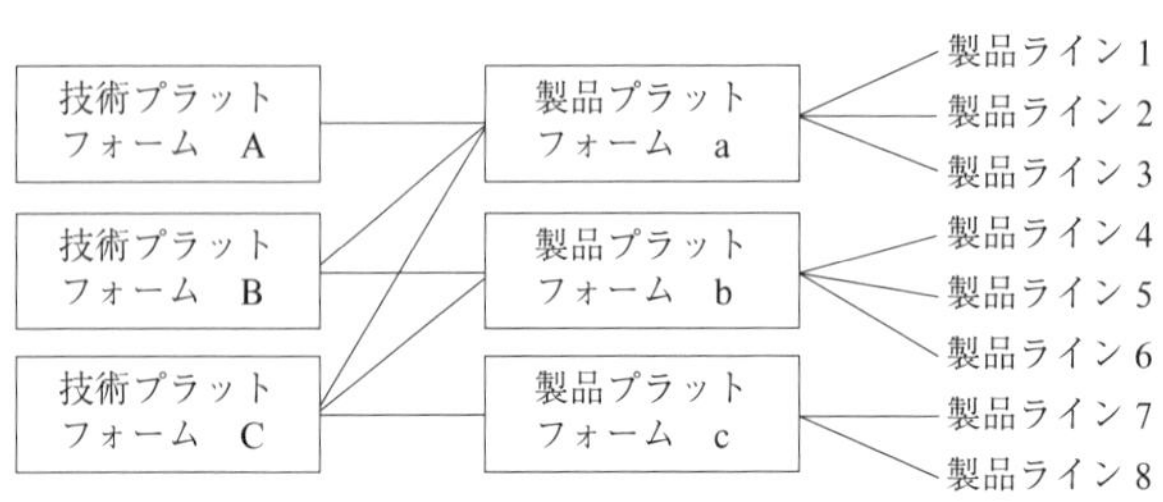

品展開マップの中で重要なことは、「プラットフォーム」の概念と役割を明確にすることです。プラットフォームの定義は様々ですが、ここでは多様な製品の開発基盤となるものとして考えましょう。このような定義をした場合、技術プラットフォームと製品プラットフォームという二つが重要になります（図3-8）。

①技術プラットフォーム　製品を開発する場合に技術的な中核となります。例えば、多くのエレクトロニクス企業では、TFT液晶技術を技術プラットフォームの一つとしています。それをベースに、ノートパソコンから携帯電話まで、様々な製品を開発しています。

なお本章の前半で説明したコア技術も、同様に多様な製品開発のベースとして定義すれば、コア技術と技術プラットフォームは、同じ意味になります。

②製品プラットフォーム　技術プラットフォームがコア技術であるとすれば、製品プラットフォームはコアとなる設計のアーキテクチャ（基本構造）です。したがって、アーキテクチャ・プラットフォーム

図３－９　製品展開マップ

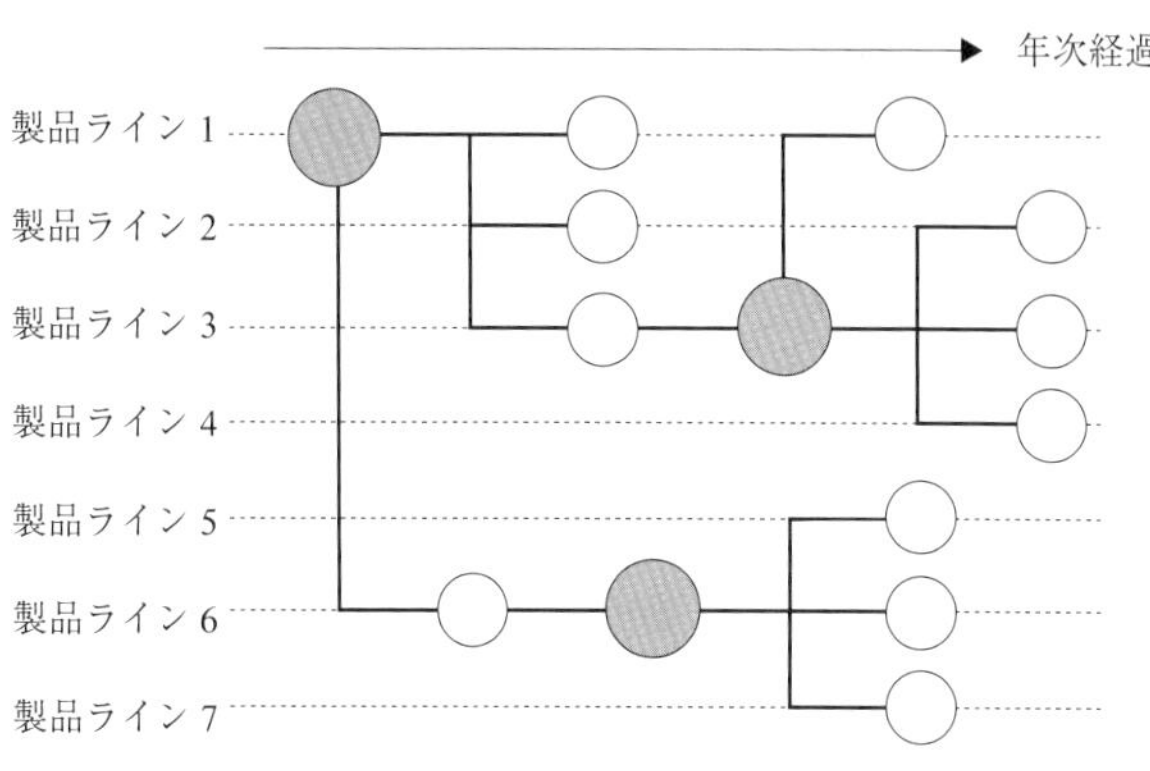

フォームといってもよいでしょう。代表的なのは自動車のプラットフォームです。これは車台とも呼ばれ、走行機能を担当するサスペンションとエンジンを中心とした、車の土台の基本構造を意味します。

車のプラットフォームは、例えば、ホンダであればアコードとオデッセイのように、全く異なった車種にも応用されます。また車がモデルチェンジする際にも、二世代程度（八―一〇年）は同じプラットフォームを使用するのが一般的です。

図３‐９は、製品プラットフォームの活用戦略を入れた製品展開マップの例です。新製品を開発し導入するタイミングに関する中長期戦略が示されています。またその他にも、次の二点に関する情報が包括されています。

第一に、製品プラットフォームと個別の製品ラインの関係が明確にされます。太線により、各製品開発がどのプラットフォームをベースにしているのかがわかります。第二に、製品プラットフォームを刷新する時期が表されます。どのタイミングで投資が多大にかかる新規プラットフォームの開発を実施するのかは、重大な戦略的課題です。

プラットフォームをなるべく多くの製品で利用することによって、資源を有効利用できるため、高利益を期待できます。しかしプラットフォームは技術的に陳腐化してきますから、既存のものに固執しすぎると、製品の競争力が低下してしまいます。

以上では、製品プラットフォームの活用戦略を中心とした製品展開マップを示しましたが、実際にはこれに加えて、技術プラットフォームを活用する戦略も必要です。また、技術プラットフォームと製品プラットフォームの関係、さらには個別の製品ラインとの関係についても考える必要があります。つまり、図3-8に示されている内容について、長期的な展開戦略マップが必要だということです。

製品展開マップのような長期戦略は、市場・競争環境の変化に応じて常に変更していく必要があります。将来的にもそのまま実施できることは希です。それでも長期戦略をきちんと立てることは重要です。それを仮説として考え、結果が出たときに検証できるからです。そうすれば、仮説のどの点が間違っていたのかについて学習できます。企業の戦略の質は、このような試行錯誤を頻繁に実施し組織的に学習することによって、高まっていくのです。

Ⅳ 製品開発のプロセス

●製品開発とは、アイデア、技術、情報が徐々に実際の製品として具体化され完成されていくプロセスです。

●製品開発は、不完全なものから始まり、そこに内包されている問題を徐々に解決していく、問題解決のプロセスとして考えるべきです。決められた仕事をこなしていくプロセスではありません。

●製品開発の具体的なプロセスは、製品企画、設計開発、試験・テスト・解析、要素技術開発、生産準備、開発管理などからなります。

本章から製品開発プロセスと、その組織マネジメントに入ります。この第Ⅳ章では、製品開発プロセスを概観します。第Ⅴ章と第Ⅵ章では、組織について詳しく見ていきますが、本章はその序論にあたります。

製品開発のプロセスとは、製品コンセプトを企画し、それを実際の製品へ具体化していくプロセスです。最終的には、工場で製造されるところで終了します。つまり製品開発とは、アイデアや技術、情報が徐々に実際の製品として具体化され完成されていく過程なのです。

1　製品開発プロセスの特徴

製品開発プロセスの大きな特徴は、決められた業務を一つひとつ順番に進めるという単純なプロセスではないことです。典型的な製品開発のプロセスは順序立っておらず、図4-1のように表す方が適切でしょう。その理由としては次の二点があげられます。

第一に、多くの機能からなる組織が複雑に入り組み、それぞれが必要に応じて共同しながら進めていくためです。つまり製品開発における業務の進め方とは、ある専門部門が一つの業務を完了し、次の専門部門にバトンを受け渡すというものではありません。多くの関連部門や技術者がその時々において異なった組み合わせで共同作業をしながら進めていくという、非常に

図４－１　製品開発のプロセス

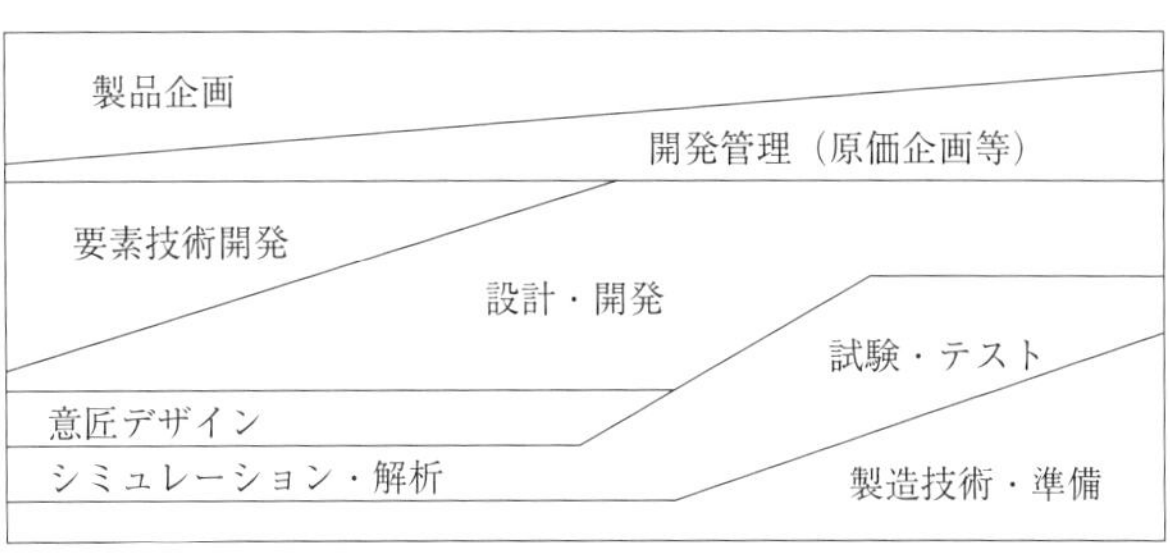

複雑なプロセスなのです。

第二に、技術的な試行錯誤を繰り返したり、部門間のフィードバックに対応して修正を繰り返したりするためです。というのは、設計した内容によってその製品がどのように機能するかを完全には予測できないからです。程度の差はありますが製品は通常多くの部品から構成された複雑なシステムなので、全体の機能を正確に計算することは不可能に近いといえます。

しかも、最終目標そのものが変更されることも少なくありません。全産業を平均すると製品開発には二―三年を要するといわれていますから、その間に競争環境や顧客ニーズが変化する場合が多いのです。

このような特性からすると、製品開発のプロセスをデザインする場合には、いかに一回で完璧な設計開発を実現するかという発想でプロセスを考えるべきではありません。不完全なものから始まり、そこに内包されている問題を徐々に解決していくプロセスとして考える方が適しています。つまり、製品開発は本質的には問題解決のプロセスなのです。

2　製品開発の業務

(1)　製品企画

製品開発ではまずどのような製品を開発するのかを決めます。これは製品企画または商品企画と呼ばれます。具体的には、製品コンセプト、技術計画、収益性計画などを検討します。製品企画によって製品開発の目標が決まります。この目標は項目に応じて定性的または定量的に決定されます。また製品開発が終わるまで常に参照され、実際とのギャップを埋めていくことになります。

つまり目標は、求められる市場成果を実現するものとして適切なものであると同時に、開発プロセスにおいて評価軸として使いやすい表現や指標になっている必要があります。これは、開発に参加する関連メンバー全員の意識を統一するうえでも重要な役割を果たします。

①製品コンセプトの設定　製品企画のなかでも中心的な位置づけにあるのが、製品コンセプトです。製品コンセプトの策定とは、誰にどのような価値を提供するのかを決めることです。顧客は製品を購入する場合に、モノではなくその製品が提供する価値を購入します。例えば自

動車が提供する価値には「二地点間を自由に移動できる利便性」「運転する楽しみ」「デートのツール」などいろいろなものが考えられます。このように価値は顧客によって異なるため、誰に提供するのかを考えることが大切です。すなわち、ターゲットユーザーの決定です。

顧客は大別すると、企業と一般消費者に分けることができます。他の製造企業に販売する製品を生産財、一般消費者に販売する製品を消費財と呼びます。したがってターゲットユーザーの決定に際してはまず、生産財か消費財かの分類があります。

生産財の場合にはとりわけ、ある特定の企業からの注文どおりに開発する特注品なのか、標準的な製品として特定企業に限らず広く販売する汎用品なのかによって、製品コンセプトが大きく異なります。他方、一般消費者の場合は、ターゲットユーザーの性別、年齢、職業、所得、家族構成などを想定します。これらはユーザー・デモグラフィーと呼ばれます。加えて、生活パターンや価値観、趣味などを含めたライフスタイルも、製品コンセプトをつくる時に重要な情報となる場合もあります。

続いて、顧客が所有または使用することによって得られる価値を考えます。価値が決まれば、次にその価値を製品の機能やイメージによってどのように実現するのかを明確にします。開発する製品が提供すべき価値や機能を明確にすることによって、製品開発における優先順位が決まります。例えばパソコンであれば、サイズや重量と機能の間にはトレードオフの関係があります。もし携帯性を価値として重視するのであれば、多少機能を犠牲にしてもサイズや重量を低減することが必要になります。

次に、これら様々な機能項目別の目標を具体的に表現します。ここでは特に、競合企業の製品との比較を定性的・定量的にきちんと表すことが重要です。

②技術計画と収益性計画　技術計画では、まず製品全体の構造や部品レイアウトを決めます。その中でも、特に中核的な技術の仕様を決めます。

また、技術の開発や生産をすべて社内で行うのか、それとも外部企業を利用するのかを決める必要があります。外部企業を使う場合には、部品を購入するのか、またはライセンスを使った技術導入や戦略的提携によって共同開発するのかなどの選択があります。

収益性計画では、販売量や価格と、設備投資や技術計画で考えられた大まかな技術仕様から製造コストの目標を計画し、収益性の検討をします。製品開発において収益性目標の達成度合いを管理する仕組みとしては、後述する原価企画と呼ばれる手法が代表的です。

(2) 設計開発と試験・テスト・解析

製品企画が完成したら次は、具体的な設計開発業務に入ります。この段階でのアウトプットの目標は、コンセプトに合致した機能やコストを実現すること、そして製造するための図面を完成させることです。なお図面といっても近年では、ほとんどの設計作業がＣＡＤ(Computer-Aided-Design) によってコンピュータ上で行われます。したがって、設計図面としての設計データがアウトプットになります。

設計は創造的なタスクです。ある機能を実現するための設計のあり方は、工学的な理論を組み合わせれば一つの解として規定されるというものではありません。したがって、製品コンセプトで決めた機能的な目標と工学的な知識体系を考え合わせながら、設計者が設計案を創出することが求められます。そして、その設計案が実際に目標機能や製品コンセプトに合っているかどうかが検証されます。このように様々な代替案について「設計案の創出」と「検証」のサイクルを繰り返すことによって、設計は具体化していくのです。

設計がある程度具体化してきたら、それを実際にテストするステージに入ります。テストの主な目的には、製品の目標機能がどの程度達成できたかと、この設計のままで製造がうまくできるかのチェックがあります。方法としては、実際に部品や製品を試作する場合と、コンピュータ上のモデルを使って解析する場合があります。

なお後者のようにコンピュータで行うテストや解析は、ＣＡＥ (Computer-Aided-Engineering) と呼ばれます。通常は、試作試験とＣＡＥの両方を組み合わせて実施します。典型的には、開発初期段階には製品の構造強度や回路をコンピュータ上でテストし、ある程度完成に近づいた段階で実際の試作をします。

近年のトレンドとしては、コストと時間がかかる試作をなるべく減らし、ＣＡＥを使用する場合が増えています。しかし試作をしなければわからないことも多いため、それを全くなくしてしまうことはできないのが現状です。このバランスのあり方は、製品技術の特性によっても異なります。例えば航空機では、実機を製造して飛行実験するのは困難なためＣＡＥが多用されています。他方、自動車は試作試験が簡単なために、そちらが主として使用されてきました。

(3) 要素技術開発

製品開発プロセスが後半になるにつれて、一つの部品の技術や設計の変更が、開発全体の効率悪化へより大きく影響するようになります。ある部品の開発が遅れたり、後で変更されたりすると、他のすでに完成している部品の設計にも変更が必要になるからです。したがって、すべての部品の完成度合いを揃えることが、製品開発の効率や品質の向上に結びつくのです。

そのためには、製品企画から始まる通常の開発プロセスに先駆けて、鍵となる要素技術の開発をスタートさせる必要があります。事前に技術的に大きな問題を解決する必要のある部品や、他の部品よりも開発に時間がかかるものについては早めに開発を始めるのです。

例えば自動車の場合、特定の新車開発プロジェクトに全く新しいエンジンが必要であれば、先行的に開発を始めます。エンジンは他のボディやシャシー、シートなどと比較して倍近い開発時間がかかるからです。また携帯電話の場合は、半導体の開発が最も長くかかるのでその先行開発が必要になります。

(4) 生産準備

まず、製品の設計が開始される前に、生産技術の視点から、工場で生産しやすくするための設計条件を製品技術者へ提示します。例えば、部品の大きさの制限や、加工技術によって実現できる局面の制限などです。工場の生産性は、製品の設計段階でどれだけ生産のしやすさを考えたかによって、大きく左右されます。生産のしやすい設計は、ＤＦＭ（Design for manufacturing）と呼ばれ、製品開発における重要課題になっています。

次に、製品の設計がある程度進んだ段階で、生産ラインおよび製造設備の企画と開発を開始します。製品技術者が製品の設計を担当するのに対して、これは生産技術者の役割となります。生産準備において鍵となるのは、いかに製品の設計開発とうまく連携できるかという点です。設計と生産が緊密に協力して、設計側は生産しやすい設計を行い、生産側は少しでもより柔軟な新製品への生産対応を実現することが求められます。

なお生産技術は、製品開発期間を短縮するための鍵を握っている場合が少なくありません。例えば自動車では、ボディの量産に必要な金型の設計と製造が、製品開発期間を短縮するうえでのボトルネックの一つとなっています。そこでボディの設計情報をできるだけ早く生産技術者へ渡し、金型の設計をなるべく早く始めることが求められます。

このように製品開発期間の短縮には、生産技術に関しても協働や調整をうまく実施することが重要なのです。この点については次章以降で詳しく説明しましょう。

(5) 開発管理――原価企画・利益管理・工数管理

製品開発を進めるうえで、最も重要な課題の一つはコスト管理です。これを実施するための方法に原価企画と呼ばれるものがあります。

ここでは、まず製品企画の段階で目標コストを設定します。目標コストは、顧客価値の視点から見た販売価格から、経営戦略上必要とされる利益目標を差し引いたものでなければなりません。販売価格は市場によって、利益目標は経営上の目標として決まるものです。したがって、その差である目標コストは所与として考える必要があります。

逆に、原価企画が十分に考慮されていない悪い例は、販売価格を積み上げ方式で決めてしまう場合です。つまり、設計開発の結果としてのコストを積み上げ、さらにそれへ目標利益を積み上げたものを販売価格とする方法です。このような方法では市場での競争力が失われてしまいます。

製品の目標コストはさらに、部品システムのレベルや担当開発グループ別にブレイクダウンされます。すべての部品や担当部門がそれぞれの目標を達成すれば、全体としてもコスト目標を達成することになります。

なおコストとして主要なものは、材料費、加工費、購買部品費、試作などにかかる開発費、および人件費です。コストを削減するためには、設計の変更や部品企業との調整、そして人件費に影響する開発工数の管理も重要になります。開発工数は人数と時間を掛け合わせた延べ時間で計算します。開発工数の削減の方法についても、次章以降で見ていきましょう。

V 製品開発組織のデザイン

●製品開発の組織をデザインする際、どのような特性を持った製品を開発するのか、十分に理解する必要があります。その製品の複雑性（部品点数、技術、製品アーキテクチャ、市場・顧客ニーズなど）がどこにあり、その複雑性がどの程度なのかを把握します。

●製品開発を実施する組織としては、①製品開発に必要な技術の創造を重視した機能重視組織と②製品としてまとめあげて市場へ投入することを重視したプロジェクト重視組織の二種類が考えられます。それぞれには、当然メリット、デメリットがあります。

組織について議論する際には、構造とプロセスに分けて考えるのが一般的です。そこで第Ⅴ章では構造に、第Ⅵ章ではプロセスに焦点を当てることにします。

なお組織構造について考えるにあたっては、組織図に表される単なる「箱と線」をとりあげてもあまり意味がありません。というのは、それが実際の組織の機能やプロセスに反映されていない場合が多いからです。そこでここでは形式上の構造だけでなく、それがいかに機能するのかについても視野に入れて、組織のデザイン（設計）に関して説明します。

組織のデザインは、最適なものが一つあるわけではありません。開発する製品によって適切な組織デザインは異なります。大型旅客機の開発と、新型の掃除機の開発では、組織デザインは当然ながら大きく違います。一つには、開発組織の規模が全く違うためです。しかしより重要なのは、同じような規模でも製品特性によって組織デザインが全く異なることです。

例えば化学的な製品でも、革新的な技術開発が重要な医薬品と、技術よりも潜在的な顧客ニーズを開拓することが重要な化粧品では、適切な組織のあり方が違います。またパソコンでも、ミリ単位のスペースを問題にする薄型ノートパソコンと、スペースよりもデバイスの性能が重要になる高性能デスクトップパソコンでは、組織デザインを変えるべきだといえます。

さらには全く同じ製品の開発であっても、二年かけてもよい場合と、半年で市場導入しなくてはならない場合では、組織デザインの考え方が異なるはずです。

　このように製品開発の組織をデザインする際には、どのような特性を持った製品を開発するのかについて、十分に理解する必要があります。そこで以下では、まず製品特性を分析するための枠組みを説明し、それを踏まえて適切な組織デザインについて考えていきます。

1　製品特性と製品開発組織

　製品の特性を考えるうえで特に重要なのは、マネジメントを困難にする複雑性の所在と、その複雑性の程度です。技術開発に関係する要因が複雑な製品もあれば、顧客ニーズにいかに対応するのかが複雑な製品もあります。複雑性の高い要因が、組織での対処を困難にします。そのために、その要因に対応することを最優先に考えた組織デザインが必要なのです。

　この点から組織を考えるために、図5-1は、製品開発の複雑性を構成している要因を示しています。

　製品開発の複雑性はまず、製品と市場、つまり製品技術の複雑性と市場・顧客ニーズの複雑性の二つに分けることができます。次に、製品技術の複雑性は、製品アーキテクチャと要素技術の複雑性から構成されます。そして、製品アーキテクチャの複雑性は、部品間関係の複雑性と部品点数の多さによって影響されます。

図5-1　製品開発の複雑性

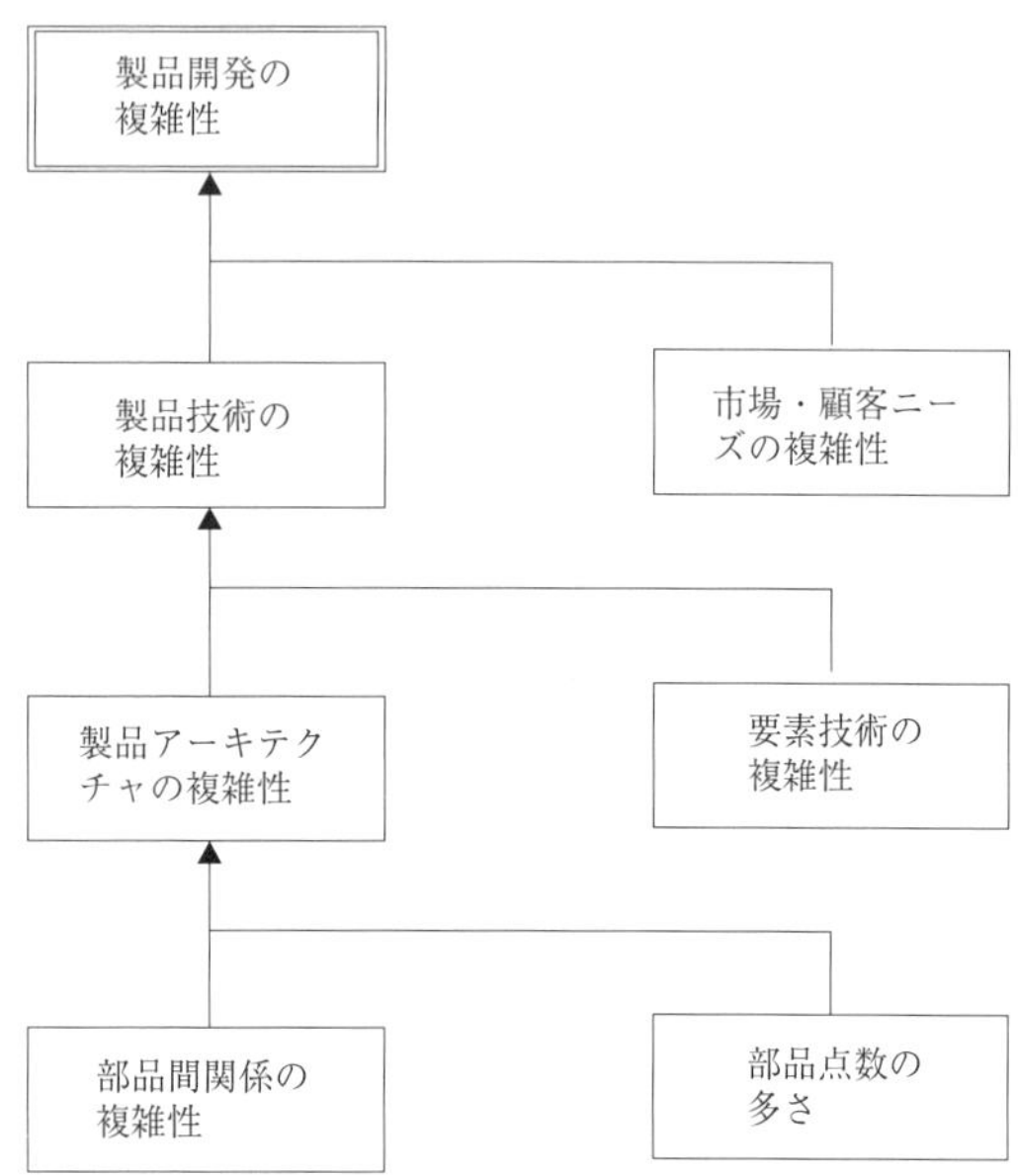

以下では、製品開発の複雑性の下位を構成する、製品アーキテクチャの複雑性から順に説明することにします。

(1) 製品アーキテクチャの複雑性

部品間関係の複雑性と部品点数の多さから構成され、これらの両軸を使って、図5-2のように製品アーキテクチャの特性が規定できます（182ページの図7-4も参照）。

まずは、部品点数の多さから見てみましょう。一〇〇万点近い部品から構成されるボーイング777のような大型旅客機は、部品点数が多く、複雑な製品の代表例です。自動

図5-2　製品アーキテクチャの複雑性

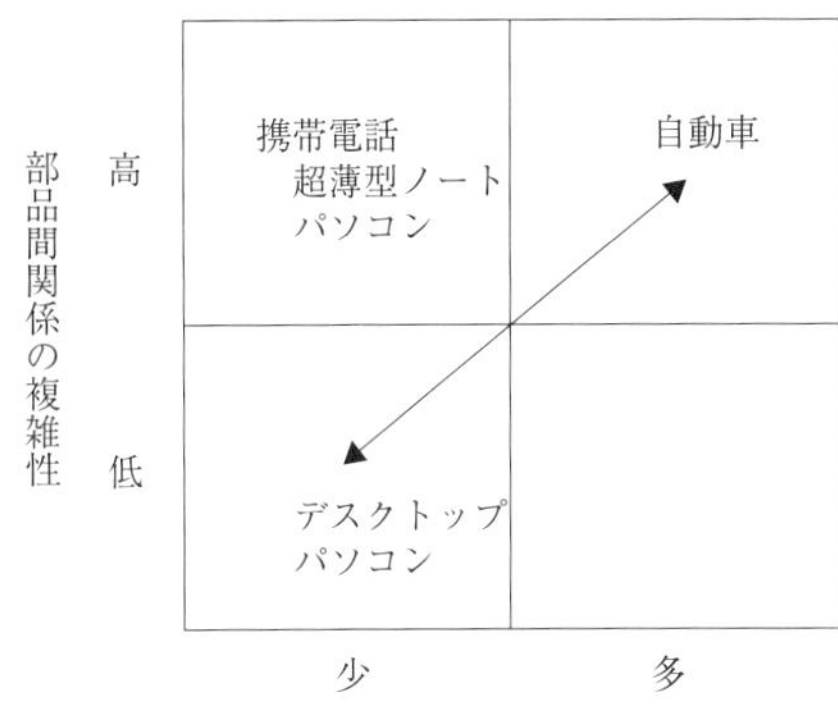

車も部品点数は約三万点で、複雑な製品といえます。逆に部品点数という意味で単純な製品は、機械系の組立型製品のなかで構成部品が少ないものや、素材型製品と呼ばれる化学製品や医薬品などがあります。

次に、もう一つの要因である部品間関係の複雑性は、複数の部品を組み合わせて製品全体を設計開発する場合に複雑な調整が必要かどうかによって決まります。これには、二つの特性が関係します。

第一に、製品として組み合わされる部品間のインターフェイス（境界・結合形式）がモジュール化・標準化されているかどうかです。標準化されていれば、複雑な組織的調整は必要ありません。モジュール化とは文字どおり規格化された結合形式を持ち、ユニット家具のように組み立てることが容易な構造です。逆にモジュール化されていない場合は、要素部品間のつながりが特殊であるために、設計するたびに結合形式を定義する必要があります。

オーディオの例でいえば、一九六〇年代まではアンプ、スピーカー、プレーヤーなどは一体化されており、それぞれの間のインターフェイスは規格化されていませんでした。しかしコンポステレオの登場によって、それぞれがモジュール化されることになりました。メーカー間でも標準化され、どこのものでも組み合わせて使うことができます。

近年では、CPU、ハードディスク、メモリーなどのインターフェイスが規格化されているパソコンが、モジュール化された製品の代表です。

第二に、インターフェイスに高い精度や緻密性が必要かどうかという点です。標準化されていなくても、部品間の組み合わせ方に誤差の許容度が高ければ、複雑な調整は必要ありません。携帯電話や超薄型ノートパソコンは、部品点数は限られていますが、小型・軽量を徹底的に追求しているので、部品間関係は複雑です。

部品点数が多く、しかもモジュール化されていないうえに高い精度が要求されるインターフェイスを多く持つ製品が、最も製品アーキテクチャが複雑だといえます。典型的なのは自動車です。規格化されていない部品が多く、しかも部品間の擦り合わせを精緻に行わない限りは、見栄えや品質だけでなく走行性や静粛性などの基本機能を確保することができません。

一方デスクトップパソコンを見ると、ほとんどの部品は規格化されているうえに集約化されているので、部品点数もあまり多くありません。しかも、部品を配置するレイアウトに余裕があり、部品間に多くの調整は必要ありません。したがって、比較的に単純な製品アーキテクチャだといえるでしょう。

自動車のように製品アーキテクチャが複雑な場合には、それを開発する組織プロセスも複雑になります。というのは、部品や技術に合わせて参加する専門部門が増え、開発者の人数も必然的に多くなるからです。しかも、各開発者が担当する部品間の調整が多く必要ですから、製品開発プロジェクト全体の調整負荷量は多大なものになります。

このようにアーキテクチャが複雑な製品であれば、技術の良し悪しだけでなく組織プロセス能力によって、製品開発の効率のみならず、製品のコストや開発期間にも大きな差異が発生します。

他方、近年では製品の複雑性を組織マネジメントだけでなく、製品アーキテクチャの複雑性を低下させることで対処する努力も多く見られるようになりました。具体的には、部品点数やインターフェイスの数を減少させる企業が増えています。そのためには、複数の機能を持った部品を組み合わせて一つの部品にする「システム化」を推進したり、複数の部品をつなぎ合わせるインターフェイスを「モジュール化」したりするのです。

図５－３　製品技術の複雑性

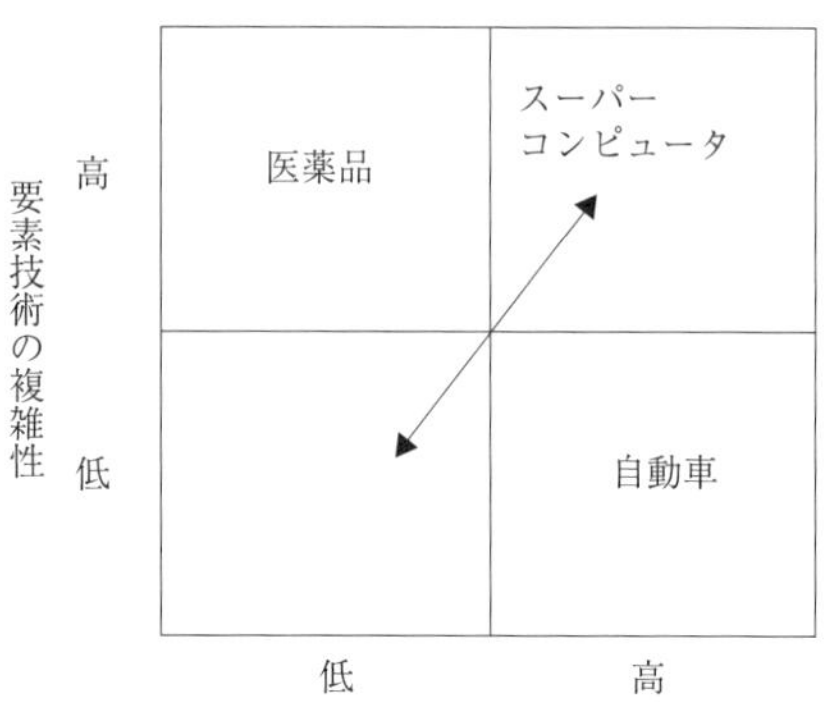

(2) 製品技術の複雑性

ここで見てきた製品アーキテクチャの複雑性に加えて、要素技術の複雑性が高い場合に、製品技術の複雑性は高くなります。

要素技術の複雑性は二つの要因によって構成されます。一つは、技術の新しさです。製品開発時点で、まだ多くのことが科学的に明らかにされていなければ、技術の複雑性が高いと考えます。

もう一つは、技術開発の内容とそれによって実現される機能との間の因果関係です。この因果関係が単純で明白であれば、要素技術の複雑性は低いといえます。一般的には、機械的な技術は比較的に因果関係がはっきりとしています。例えば歯車の数を変えれば、一定のルールに従って変換される力も確実に変わります。逆に、新しい医薬品の開発は技術の複雑性が高いといえます。実際に効果のある医薬品の開発は、理論的な道筋をきちんと踏めば必ず可能になるわけではありません。大量な化合物を試行錯誤することによって生まれる場合が多いといわれています。

要素技術と製品アーキテクチャの両方の複雑性が高いのは、部品点数が多くしかも最新の技術を要求される、スーパーコンピュータやスペースシャトルなどでしょう。自動車は、要素技術という点では、比較的複雑性は低いといえます。

(3) 製品開発の複雑性

最後に、製品開発の複雑性には、製品技術の複雑性に加えて、市場・顧客ニーズの複雑性が構成要素として入ります。市場・顧客ニーズの複雑性は、ニーズがわかりにくく、捉えにくいという特性のことです。この特性を生み出す要因には次の二つがあります。

第一に、顧客ニーズが製品の機能によってではなく、ネットワークの外部性や流行によって決まる場合です。ネットワークの外部性とは、顧客の数が増えるとその製品の価値が高まるという性質です。一人だけが持っていても全く価値のない電話やファクスが典型的です。

同様に、パソコンのソフトやビデオ機器なども同様な特性があります。例えば、VTRではベータではなくVHS、パソコンではマックではなくウインドウズへのニーズが次第に高まっていったのは、必ずしもそれらの機能が優れていたからではありません。VHSやウインドウ

図５－４　製品開発の複雑性

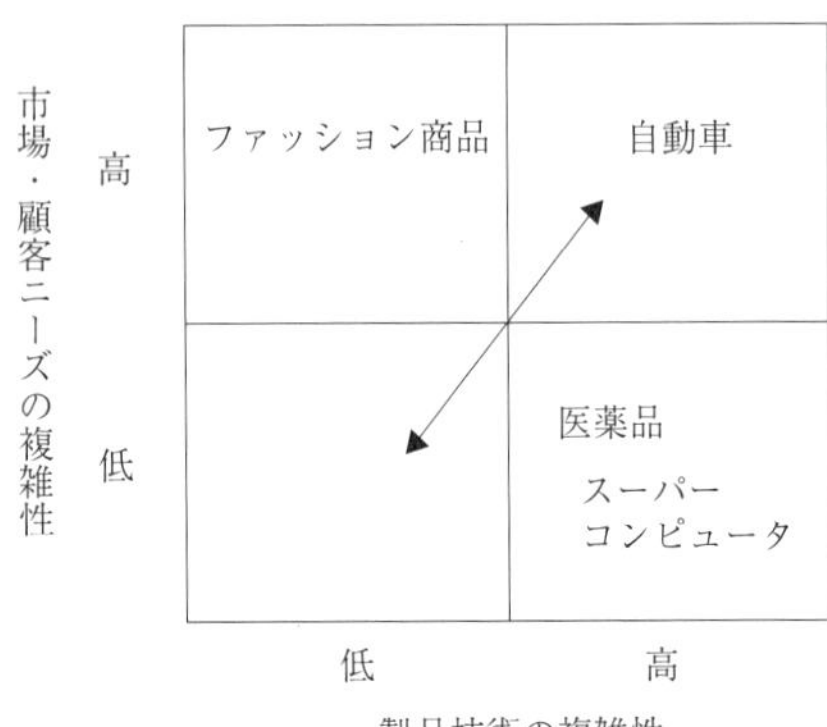

ズに互換性のある製品やソフトが普及し、それらの製品の利便性が増したために価値が上がったのです（166ページの用語解説「業界標準」を参照）。

これと同じような現象をもたらすのが流行です。流行によって顧客ニーズが左右されるものとしては、ファッション性の高い衣類が代表的です。流行する製品の中には、何が具体的な顧客ニーズなのかが、わかりにくい場合が少なくありません。またその変化を予測することも非常に困難です。

第二に、顧客ニーズが暗黙的で捉えにくい曖昧な性質を持っている場合に、市場・顧客ニーズが複雑だといえます。例えば、ビールの味や自動車の外観デザインなどです。それらは顧客ニーズとして重要であり、販売を決定的に左右するものですが、数量化はおろか正確に文章化することも簡単にはできません。したがって、顧客ニーズに関する情報を集めることも、それを企業内の製品開発メンバー間で共有することも難しいのです。自動車は市場・顧客ニーズの複雑性が高く、一方で比較的求められる機能が明確な医薬品やスーパーコンピュータは低いといえます。

市場・顧客ニーズが複雑な製品の場合は、企業内部のマネジメント以上に市場や顧客情報に関するマネジメントが、製品開発の成功を決める鍵になります。例えば、顧客の暗黙的な潜在ニーズをうまく製品開発に取り込むためのプロセスです。生産財であれば、顧客企業の製品開発に初期段階から入り込んで、パートナーとして本当に求められている部品を供給する仕組みが重要です。

2　機能重視組織とプロジェクト重視組織

(1)　分化と統合のマネジメント

製品開発の組織マネジメントの目的には、多様に分散された専門業務の実施と、それらを統合して一つの製品として完成させることの二つがあります。専門化の要因としては、電子、機械、材料といった技術分野での専門性と、設計、解析、製造などの開発業務機能における専門性があります。これらの専門性で分化された業務を、本書では「機能業務」と呼びます。また、それを担当する組織を「機能部門」と呼びます。エンジン開発部のようにシステム別に分かれている場合や、試作試験部や解析課のように文字どおり機能で分かれている場合も、共にここでは機能部門と呼びます。

ただし、機能部門の業務だけでは製品にはなりません。つまり機能部門が作り出したすべての知識を、製品としてまとめる業務が必要になるのです。製品開発の目的は、最終的には、市場に出される製品としての品質や完成度を高めることです。だからこそ、機能部門の業務以上に、製品としてまとめる業務が重要なのです。

たとえて言うならば、オーケストラにおいて個々の楽器演奏者がいくらうまく演奏しても、全体としてまとまらなければ優れた音楽にはなり得ないのと同じです。全体としてつくり出す音楽こそが重要なのです。

ただし、最初から製品としてまとめることばかりでは、個々の機能が最大限に活用されにくくなります。オーケストラの例でも、全体の練習ばかりしていても限界があるので、まずは個々の演奏者が技術と個性を伸ばす必要があります。これは、分化と統合のマネジメントとも呼ばれ、どちらが弱くても優れた組織とはいえません。

特定分野の新技術を開発するためには、機能別組織として専門家を集めるのが最も効率的です。企業組織を見ると、常に機能別組織の壁が問題にされながらも、ほとんどの企業で結局は機能別に部門が分かれています。機能別組織には普遍的で大きなメリットがあるからです。一方で、そこで創造された技術や知識を集めて、品質、機能、コスト、生産の容易さなどを満足する製品を開発するためには、関与する様々な機能部門が一緒になって取り組む必要があります。仕事の進め方も機能部門を横断したプロセスが求められます。これを本書では広い意味で「プロジェクト」業務と呼びます。

このように、機能別に組織することも、機能横断的にプロジェクトとして組織することも、それぞれ大きなメリットがあるのです。そこで、製品開発を実施するための組織として、機能別に分化された専門性を優先した機能重視型と、製品としての統合性を重視したプロジェクト重視型の二種類を考える必要があります。

機能重視組織は、製品開発に必要な技術を創造することから、製品開発への「インプット」を重視した組織です。一方、プロジェクト重視組織は、製品としてまとめて市場へ投入することと、つまりは「アウトプット」を重視した組織といえます。

(2) 機能重視組織とプロジェクト重視組織の相違点

これら両組織には、組織構造とプロセスにおいて特徴的な差異を見ることができます。最も重要なのは次の二点です。一点目は機能部門長と製品開発プロジェクトマネジャーの権限の強さです。これは特定の問題を解決する場合に、機能部門長による技術的な側面からの判断が重視されるのか、プロジェクトマネジャー（ＰＭ）による特定の製品に関する判断が重視されるのかという違いです。

二点めは、技術者が主に特定技術や部品の担当として配置されるのか、それとも特定製品の開発担当としてプロジェクトに配置されるのかという違いです。例えば、パソコンを開発する場合に、ハードディスクの技術者が、ハードディスク開発部門に配置されるのか、特定モデル（例えば新型の「バイオ」）の開発プロジェクトに配置されるのかということです。

特定技術担当であれば、個別の製品開発への細かい対応よりも、専門とする技術の全般的な発展や共通化のメリットを出すために、その技術がなるべく多くの製品へ応用されることを重視します。逆に、製品プロジェクト担当であれば、担当する製品の完成度や商品性を高めることを最優先するでしょう。

①プロジェクト重視組織の優位点　プロジェクト重視組織のメリットは、特定製品の開発成功に向けて、機能部門間の壁を越えた開発担当者全員のベクトルを合わせられることです。ベクトルを合わせることには、二つのメリットがあります。

第一に、製品コンセプトを開発担当者が共有できることです。各技術者は、自分が開発を担当している技術が製品コンセプトと合致しているのか常にチェックすることができます。

例えば、大ヒットしたマツダの小型スポーツカー「ロードスター」は、各機能組織から人を集め、特別に建物の一階を借り切り完全に独立したプロジェクト組織で開発されました。そのため、「人馬一体感」のコンセプトがプロジェクト内で完全に浸透しました。結果として、部品すべてが一貫したコンセプトを反映していたために、スポーツカーとして非常に高い評価を得ました。

第二に、技術や部品の間での、最終製品に向けた調整が、効率的にできます。プロジェクト重視組織であれば、開発担当者は担当する部品の技術を考えるだけではなく、製品全体の統合性を主体的に考えながら開発に参加するからです。

例えば、ソニーの「CDウォークマン」の開発事例では、電気系、機械系、光学系の設計者が共同でプロジェクトとして開発したからこそ、製品としての小型化が比較的短期間に実現できたといわれています。このように、最終製品に向かって各機能部門が協働することにより、製品としての性能や品質の向上を短期間に達成することができるのです。

②機能重視組織の優位点　機能重視組織には二つのメリットがあります。第一に、特定技術分野におけるイノベーションが促進されることです。専門分野の技術者が組織的に集まり、最新情報を交換しながら議論することによって、はじめて革新的な新技術を開発することができます。

第二に、最新技術情報や企業としての技術に関する知識を体系的に蓄積できることです。機能重視であれば、機能部門の長期的な方針と組織的な活動によって、企業としての技術力を計画的に蓄積しやすくなります。プロジェクトの場合、基本的には、それが終了すれば組織としては解散するため、そこで生み出された知識やノウハウを体系的に残しておくことは難しくなります。したがって技術的な知識蓄積のためには、安定的に専門分野別に集結し、しかも比較的長期間存続する機能別組織が適しているのです。

(3) 適切な組織の選択

プロジェクト重視組織と機能重視組織のどちらがより適切なのかは、製品特性によって決まります。製品特性については、前節で詳しく説明しましたが、ここでは特にプロジェクト重視と機能重視の選択に影響するものに焦点を当てます。

まず、市場・顧客ニーズの複雑性が高い場合には、プロジェクト重視の開発組織が大きな役割を果たします。というのは、ニーズの特性が複雑な場合には、技術や機能よりも製品コンセプトが市場での成否を決めるからです。技術者が専門分野別に新技術開発に専念するよりも、プロジェクト全体で製品コンセプトにあった製品に仕上げていく活動が重要になります。

製品コンセプトの重要な部分は、文章化しづらい場合が多いため、プロジェクトの中核メン

図5-5　機能重視組織とプロジェクト重視組織

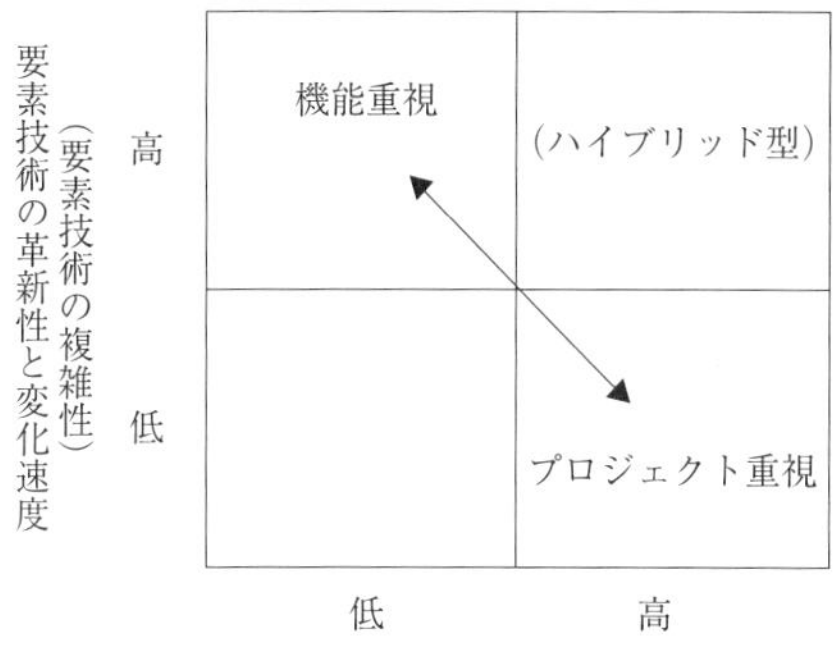

バー全員が一緒に活動しつつ、共同体験を通じてコンセプトを共有することが必要です。

例えば、自動車の開発であれば「コンセプトトリップ」と呼ばれる活動があります。そこでは、プロジェクトメンバーみんなで競合する車を何台も連ねて旅行形式の試乗イベントを持ちます。夜は競合車に乗った記憶が残っているうちに、運転フィーリングや乗り心地、操縦性、スタイリングなどについて、とことん議論します。このような機会を何度も持ちながら、コンセプトをみんなで作り上げ、共有していくのです。

次に、製品の技術特性について、適切な組織との関係を考えてみましょう。特に重要なのは、図5-5にあるように、開発する要素技術の革新性と変化速度、および機能部門間の相互依存性（関連性）の二点です。

第一に、図の縦軸に関してですが、開発するデバイスや部品に革新的な要素技術が必要とされる場合には、機能重視組織が適しています。また、技術変化が早い場合にも、技術者は最新の専門知識を吸収するのに合致した機能別組織にとどまる方が適しています。プロジェクト組織は、特定技術に関する専門知識の習得には適していませんから、技術者としての能力開発に問題があるのです。

また技術変化の速度が早くなくても、特定製品プロジェクトへ長期間にわたり配置されつづければ、技術者は最新技術情報から取り残されてしまいます。この場合は、長期的な企業競争力を考えると、機能重視組織の方が適切です。一方で、開発期間の短いプロジェクトであれば、技術変化が早くても、プロジェクト組織の弊害は少ないといえます。

第二に、各機能部門が担当する業務間の相互依存性が強い場合には、プロジェクト重視組織にする必要性が高くなります。相互依存性には、部品担当部門間の相互依存性と、開発機能部門間の相互依存性があります。部品担当部門間の相互依存性が高いというのは、一つの部品を設計する場合に、他の部門で設計される部品を考慮しなくては適切な設計ができないことを意味します。

具体的には、超薄型のノートパソコンを開発する場合には、各部品を設計する際に全体のレイアウトや他部品との関連性を十分考えることが求められます。

他方、開発機能部門間の相互依存性とは、例えば、設計部門と生産部門が緊密に調整し合わなければならない場合です。つまり、設計の内容によって生産方法や生産性に大きな影響を持つような場合を指します。

ここで説明した図5-5は、実は前出の図5-3の製品技術の複雑性の枠組みと概念的にはほぼ同じです。そのためここではカッコ内に図5-3と同じ言葉で言い換えています。

図5-3を参照すると、図5-5の右下のセル（製品アーキテクチャが複雑で、要素技術は複雑でない場合）には自動車の開発が当てはまります。その製品開発にはプロジェクト重視組織が適していることがわかります。一方で、左上のセルに当てはまるのは医薬品であり、その開発には機能重視組織が適していることになります。実際に、自動車はプロジェクト重視の組織で、医薬品は機能部門重視で開発されています。

第三に、革新的な技術が必要で、しかも部品や技術の間に相互依存性が高い場合にはどうすればよいでしょうか。当然のことながら、この場合には機能重視とプロジェクト重視の両方の側面が必要になります。つまり、これらのハイブリッド型のマネジメントが求められます。

ハイブリッドには二つの方法があります。一つは、開発メンバーの中で役割に応じて、機能部門に重きを置く技術者と特定プロジェクトに専任する技術者に分けて、しかも両グループをうまくミックスする方法です。もう一つは、製品開発プロセスのある時点で、機能重視からプロジェクト重視へ変更するやり方です。開発の初期段階では、機能部門を中心にして要素技術の開発を主に実施します。そして各技術機能部門で要素技術が出揃った時点で、製品としての統合性を目的としたプロジェクト重視組織を採用するのです。

3　製品開発の組織構造

(1) 組織構造の分類

前節では製品開発の組織を考えるために、機能重視とプロジェクト重視の対比に焦点を当てて説明しました。それではこれらを基礎として、具体的な組織構造のデザインへと応用してみましょう。

図5-6は組織構造の分類を示しています。最も機能を重視した機能別組織から、最もプロジェクトを重視したプロジェクト組織、その中間的なマトリクス組織が並べてあります。ただし、組織の構造がこの三タイプに明確に分類されるのではありません。機能別組織からプロジェクト組織の間に位置する多様な組織形態が連続的に存在します。

この図で示している機能部門には、特定の製品開発に必要な技術開発（半導体、液晶など）と機能（設計、テストなど）の両方を含みます。また、これらの機能部門はすべて同じ事業部門や開発部門にある場合もあれば、複数の事業部や研究所に散らばっている場合もあります。

図5-6　製品開発の組織構造

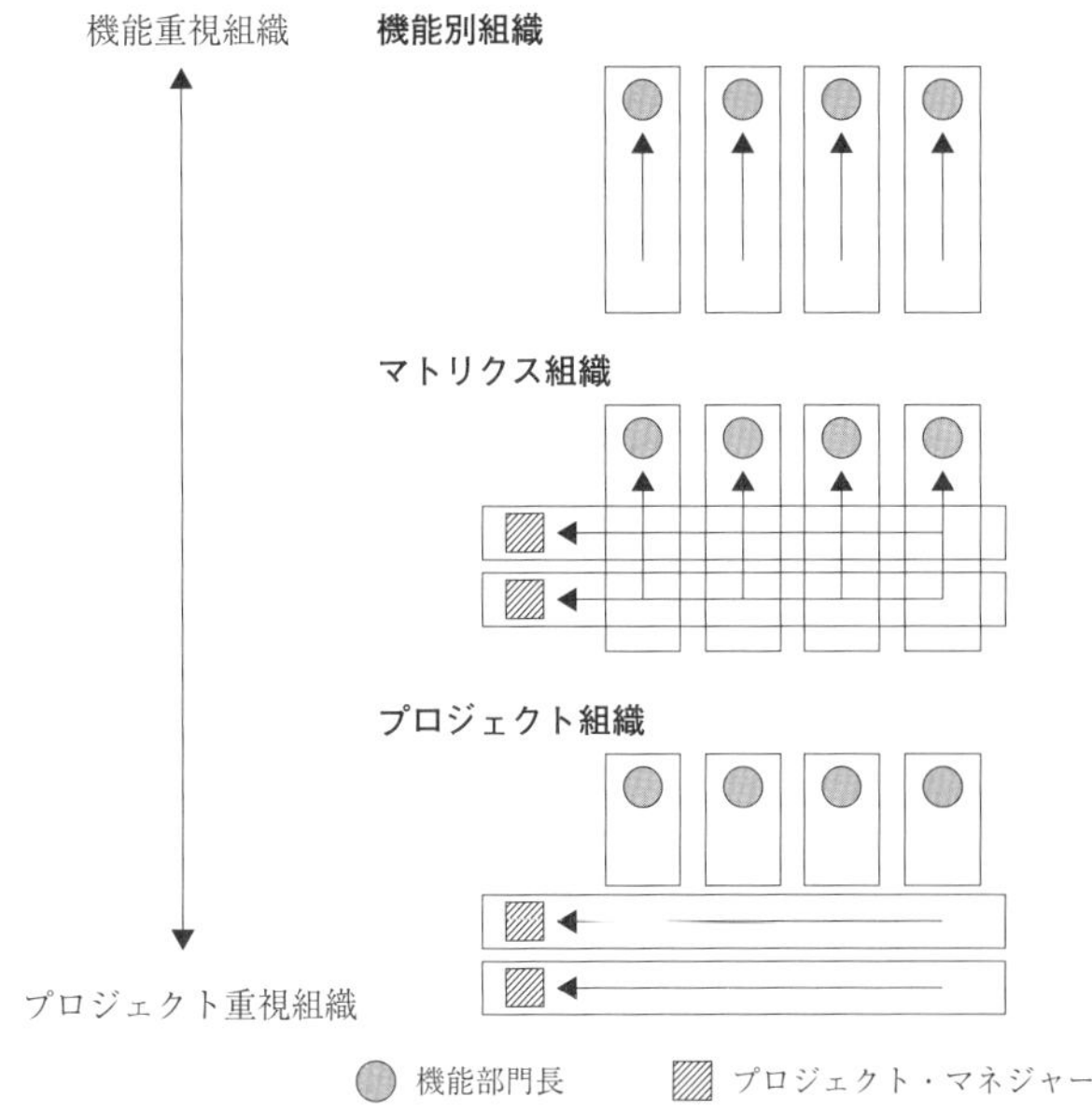

したがって、機能部門横断的といったときには、事業部や研究所を横断することを意味するときがあります。

①機能別組織　機能別組織では部門横断的なプロジェクトは存在しません。つまり、プロジェクトマネジャーは明示的には任命されません。各機能部門はそれぞれの専門分野の役割を担当し、その業務に専念します。そして必要に応じてミーティングを持ちます。プロジェクトマネジャーはいないので、実質的には製品開発全体の責任を持つ本部長（部長）がすべてのプロジェクトの責任を持つこと

になるでしょう。

②プロジェクト組織　プロジェクト組織では、特定の製品開発を目的として、様々な機能部門から人材を集め部門横断的な開発チームをつくります。開発プロジェクトのメンバーは、人事上も機能部門から正式に離れて、特定プロジェクトの専属となります。

ただし、この図に示しているように、現実的には少なくとも一部は機能部門として残され、管理的な業務や複数プロジェクトをまたがった業務を担当します。したがって機能部門が担当する割合が少なくなり、ほとんどすべてがプロジェクトで実施される場合が、最もプロジェクトを重視した組織です。

③マトリクス組織　中間的なマトリクス組織を広い意味でとらえると、製品開発を実施する組織としては、最も一般的な組織といえます。機能別組織と異なり、部門横断的なプロジェクトが設定され、プロジェクトマネジャーが任命されます。しかし、技術者は機能部門に所属したままです。

ひと口にマトリクス組織といっても、機能を重視した組織からプロジェクトを重視した組織まで多くのバリエーションがあります。特に、後で表5-1に示すように、プロジェクトマネジャーがもつ権限の程度によって、その特性は著しく異なります。

また、技術者は機能部門の中に残りながらも、特定のプロジェクトを専属的に担当しているのであれば、プロジェクトを重視したマトリクス組織となります。逆に、複数のプロジェクトを掛け持ちしている場合には、元来の機能部門の役割を重視しているといえます。

技術的に複雑な製品が増え、開発リードタイムの短縮や製品全体としてのコンセプトが鍵となっている近年の競争環境では、プロジェクトを重視する開発組織の重要性が特に強調されています。そのため、純粋な機能別組織を採用している企業は少なくなっています。

ただし、ここで説明したような機能部門からは組織上独立したプロジェクトを頻繁に設定している企業も多くはありません。つまり、現状としては、機能別組織でもなく、独立したプロジェクト組織でもなく、プロジェクトを重視したマトリクス組織によって対応している場合が多いのです。

しかし、独立したプロジェクト組織は、状況によっては非常に効果的な組織構造です。例えば、シャープが「緊急プロジェクト」と呼ばれるプロジェクト制度を広範囲に活用することによって、ヒット商品を多く生み出してきた成功例があります。他の企業でもこのような試みは、近年徐々に広まってきています。

しかし、必ずしも期待したような効果を上げられない企業も見られます。そこで、既存組織から独立した形でのプロジェクト組織を実施する際の課題を見てみましょう。

(2) プロジェクト組織のマネジメント

プロジェクト組織をあまりうまく運営できない企業では、あくまでも組織図に描かれた機能別組織（またはマトリクス組織）が中心で、独立したプロジェクトは何らかの理由で例外的に発足される傾向にあります。一方、うまくプロジェクト組織を運営できている企業では、組織図上の縦割り組織ではないプロジェクトこそが製品開発の中心的な組織であると考えられています。つまりプロジェクト組織を企業として成功させるためには、部門横断的な仕組みを組織に根付かせることが重要なのです。

①シャープ「緊プロ」の成功要因　プロジェクト組織の代表的な成功例はシャープの緊急プロジェクト（緊プロ）です。緊プロは一九七七年から開始され二五年以上にわたり継続されています。シャープの主要製品におけるヒット商品（「液晶ビューカム」「ザウルス」など）や革新的なデバイス開発（新世代液晶など）の大半が、機能部門から独立した緊プロによって開発されています。四半世紀にもわたって常に二〇近いプロジェクトが並行して運営され、そこで主要な製品開発の多くが実施されてきました。緊プロは特別なプロジェクトというよりも、製品開発の中心的な役割を担った組織といえるでしょう。

プロジェクト組織をうまく運営するうえで最も重要な課題は、各事業部や各機能部門が組織の壁をつくらないことです。プロジェクトを多用する場合には、組織変更や人事異動を柔軟に、しかも頻繁に行う必要があります。また、事業部は必要とされる優秀な人材を積極的にプロジェクトへ送り出すことが求められます。しかし組織間に壁があるかぎりは、それらをスムーズに実施することができません。

壁のない組織文化をつくるためには、プロジェクトによる製品開発の成功体験が最も有効です。プロジェクトが成功すれば、関連する事業部や研究所すべてに大きな利益があります。例えば、シャープでは緊プロによって開発された液晶付きビデオカメラが成功することによって、ビデオの事業部だけでなく、人材をプロジェクトへ送り出した液晶事業部の売り上げも大きく増加しました。このような成功体験が積み重なることによって、プロジェクト組織の有効性が全社的に理解されるのです。

逆に組織に壁があると、部門からプロジェクトへ優秀な人材が配属されず、結局プロジェクトはあまり成功しません。成功体験がなければ、プロジェクト組織の有効性に対して懐疑的になり、結局は悪循環を引き起こします。したがって、事業部や研究所がそれらの部分最適を考えるのではなく、企業全体の最適性を考えることが重要です。ただし、事業部長や研究所長が自部門を犠牲にしてでもプロジェクトへ貢献するというのではなく、プロジェクトに貢献することによって、自部門にも利益がもたらされると考えられる仕組みの方が理想的です。

②プロジェクトマネジャーの役割　プロジェクトの成功のためには、プロジェクトマネ

ジャー（ＰＭ）の役割が重要であることはいうまでもありません。ＰＭは、機能部門（設計部門など）の部門長以上にリーダーシップ能力を要します。というのは、ＰＭは元来ならば複数の部門に所属している技術者を統合的にマネジメントする必要があるからです。

ＰＭの主な役割は二点あります。第一に、製品コンセプトの実現に向けたプロジェクトの牽引です。ＰＭは、コンセプトに合った技術、デバイス、スペックの選択に関して責任を持って意思決定します。しかしコンセプト実現においてそれ以上に重要なのは、プロジェクトメンバーの間でコンセプトを共有することです。したがってＰＭには、その製品コンセプトを実現する熱意とエネルギーをメンバーに持たせるマネジメントが求められます。

第二に、プロジェクトを組織として効率的に推進することです。プロジェクトは、多様な機能部門の全く異なった専門を持つメンバーの寄り合い所帯です。全体のマネジメントいかんによって、非常に効率的な組織になるか、バラバラになるかが左右されます。

ＰＭがこのような役割を実質的に果たすためには、企業のトップがＰＭを全面的にサポートすることが必要です。というのは、プロジェクトは基本的には一時的な組織ですから、その存在や権限を全社的に浸透させるのは簡単ではないからです。したがってトップのお墨付きがなければ、ＰＭが各部門に何かを依頼する際に、その部門との利害関係のせいで積極的なサポートが得られないような事態が生じかねません。

シャープの緊プロでは、ＰＭは役員クラスと同等の権限をトップから保証され、そのシンボルとして役員と同じ金バッジをつけます。また、試作やテストなどの設備や人員についても優先的に利用できる権限が与えられています。社内横断プロジェクトを実施するからには、そこまで徹底しない限り大きな成果が期待できないのです。

③プロジェクト組織の問題点　最後に、プロジェクト組織を実施した場合の問題点を二つあげましょう。以下で述べるようにプロジェクト組織は「諸刃（もろは）の剣」であるため、これらの問題点を十分に理解したうえで活用することが重要です。

第一に、プロジェクト組織には、メンバーを特定の製品開発に固定することによって生じる問題があります。製品開発の期間中には、業務の量に波があるのが普通です。例えば、最初の試作に向けた設計図面の締め切り直前は必要とされる工数が大幅に増加しますが、試作完成を待つ期間やその後は設計変更が主体となるため工数が減少します。設計者が機能部門に所属している場合は複数のプロジェクトを兼任できるため、このような波に合わせて柔軟な対応を行うことができます。しかし、設計者が特定のプロジェクトに専念するプロジェクト組織ではそれができません。

また、部品を複数のプロジェクトで共通利用することも、プロジェクトが独立しているので困難です。このように効率やコストという点でプロジェクト組織は必ずしも良いとはいえないのです。

第二に、開発プロジェクトが恒久的でないことからも問題が生じます。機能別部門の目的の一つは、様々な活動から得られた知識を蓄積することです。恒久的な組織であれば、開発過程で生まれた知識を組織的に蓄積することができます。しかし、プロジェクト組織は基本的に特定の製品開発が終了した段階で解散するため、その過程で生まれた知識を組織的に蓄積するのが難しいのです。

(3) マトリクス組織のプロジェクトマネジャー

以上で見たように、独立したプロジェクト組織は、使い方によっては効果が絶大ですが、マネジメントすることは容易ではありません。そこで多くの企業では、マトリクス組織を採用しています。製品開発のメンバーは、所属する機能部門長とプロジェクトマネジャーの両命令系統に属することになります。

なお組織上はマトリクス組織になっていても、PMの権限が弱くリーダーシップや影響力が発揮できなければ、機能別組織と実質的には同じになってしまいます。PMのリーダーとしての影響度合いは、責任範囲の広さと権限の強さによって決まります。ここでは、その影響度合いによって二つのタイプのPMを考えてみましょう。これらは、弱い場合には軽量級PM、強

表5-1　プロジェクトマネジャーの責任範囲と権限

	軽量級ＰＭ	重量級ＰＭ
役職レベル	機能部門長より下 （課長レベル）	機能部門長と同等か上 （部長・次長レベル）
役割	設計開発の調整役	製品開発全体のリーダー
責任範囲と権限	開発スケジュール設定と管理 調整ミーティングの進行 間接的な技術者管理	製品コンセプトの策定 主要な技術の選択 主要な製品スペックの作成 販売目標の管理 原価・利益の管理 コアメンバーの選定 直接的な技術者統括

（参考文献）　藤本・クラーク（1993）

い場合には重量級ＰＭと、クラーク教授を中心としたハーバード大学の研究グループによって、名付けられました。表5-1はそれらの対比をまとめたものです。

軽量級ＰＭの責任範囲は設計や技術に関係するものに限られます。プロジェクト全体を直接統括するのではなく、開発業務をスムーズに推進するための調整役です。したがって、ＰＭの権限は限られ、主要な技術の選択は担当する専門部署が決定し、製品コンセプトやスペック、価格などは、営業やマーケティング部門が主体的に要望を出します。軽量級ＰＭの役割は、それらを開発部隊に伝え、何か問題が生じた場合には調整にあたります。

一方、重量級ＰＭはプロジェクトの調整よりも、製品コンセプト実現の牽引役を担うため、より強いリーダーシップが必要です。重量級ＰＭは「どんな製品にしたいのか」という考えを強く持ち、それによってプロジェク

COFFEE BREAK

トヨタのチーフエンジニアと3Mのプロダクトチャンピオン

製品コンセプトにも強い責任をもつ重量級ＰＭとして代表的なのは、トヨタ自動車の「チーフエンジニア」（ＣＥ）と３Ｍの「プロダクトチャンピオン」です。トヨタのＣＥは長い歴史があります。1955年に「クラウン」の開発プロジェクトで最初に設置され、当時は「主査」と呼ばれていました。1989年には現在のＣＥという名称に変更されました。同社では多くの取締役が主査の経験者だったことからも、その重要性がわかります。日本の自動車企業だけでなく欧米企業もトヨタの主査を研究し、同じように強いＰＭを設定するようになりました。

一方、３Ｍのプロダクトチャンピオンは公式な役職ではありません。以下の記述にあるように、製品の特性もあって、トヨタのＣＥよりも新製品のアイデア発案者という意味合いが強いといえます。ただし、トップマネジメントの多くが重量級ＰＭ出身者の中から生まれたというのは、両社に共通しています。

「３Ｍでは、受理されたアイデアの事業化を促進するために、発案者がマーケティング、技術、製造あるいは財務の人たちをリクルートし、発案者をリーダーとしたプロジェクト「ミニカンパニー」的なチームが編成されます。「プロダクトチャンピオン」とは、この場合のアイデアの発案者を指すもので、社内起業家（イントラプルナー）を意味しています。結成されたプロジェクトは、進捗状況に関する技術面、財務面のチェックを受けながら、売上規模の増加によって、製品部、事業部へと昇格していきます。プロダクトチャンピオンのなかから、会長をはじめ、数多くのトップマネジメントが輩出されています」（住友３Ｍの公表資料から）。

トを牽引します。主要な技術やスペックの選択は、重量級ＰＭの重要な意思決定事項です。そして、コンセプトをメンバー全体に浸透させるためにも、プロジェクトチーム全体を直接的にマネジメントします。また、原価・利益管理にも責任を持ちます。そこで販売の目標や計画についても、マーケティング部門と一緒に責任を持って策定していきます。

これらの責任範囲と権限について、個々の領域について別々に考えることはできません。つまり重量級ＰＭは、製品コンセプトや利益計画などにも責任があるからこそ、販売やマーケティングについてもある程度の責任と権限を持つことができるのです。また、技術的な問題についても、強い権限を持たないと、それらの責任を果たすことができません。

ＰＭの権限の強さは、どの程度が最適なのでしょうか。基本的には、前述の機能ではなくプロジェクトを重視すべき場合には、ＰＭの権限もより強い方が良いことになります。とりわけＰＭの権限の強さが重要な役割を果たすのは、市場・顧客ニーズが複雑で製品コンセプトの重要性が高い場合です。

製品コンセプトは市場や競争環境の分析だけで決まるものではありません。特に、これまでになかったようなタイプの製品は、それが市場で受け入れられるかどうか、不確実性が高い場合も少なくありません。そのようななかで明確な製品コンセプトを策定し、確固たる揺らぎのない信念を持ってそれをプロジェクトメンバーに伝え牽引するためには、強いリーダーシップが必要です。つまり、市場の不確実性が高まり、製品開発の意思決定スピードが重要になればなるほど、重量級ＰＭの役割が大きくなるのです。

Ⅵ 製品開発プロセスのマネジメント

●企業の組織マネジメントの善し悪しで、製品の品質や開発プロセスの効率性、スピードに大きな違いが生まれます。
●開発期間の短縮と開発効率と品質の向上を実現するのが、コンカレント・エンジニアリング（並行設計）です。そこで鍵になるのが、さまざまな問題解決を製品開発のなるべく早い段階に前倒しして実施することです（フロントローディング）。
●三次元ＣＡＤなどの情報技術の導入によって、コンカレント・エンジニアリングが効果的に進められます。

製品開発は、複雑な組織マネジメントが必要とされます。だからこそ、企業の組織マネジメントの良し悪しで製品の品質や開発プロセスの効率性、スピードなどに大きな違いが生まれるのです。したがって、製品による差異化だけでなく、製品開発のプロセスやマネジメントにおいて独自的な強みを持つことに大きな意味があります。組織プロセス能力における差異化です（27ページの図1-2を参照）。そこで本章では、製品開発プロセスに関する組織能力を決めるポイントがどこに潜むのかを、見ていきましょう。

1 コンカレント・エンジニアリング

近年の製品開発における最大の課題は、開発期間の短縮と開発効率、そして品質の向上を同時に実現することです。これを実現するための開発プロセスとしては、コンカレント・エンジニアリング（ＣＥ＝並行設計）が重要です。これはサイマルテニアス・エンジニアリング（ＳＥ＝同時設計）とも呼ばれます。ＣＥとＳＥの違いを厳密に区別する場合もありますが、一般的には同じものと考えてよいでしょう。

図6-1に示したように、ＣＥとは、各機能部門が個別に分担された業務を終了してから次の機能部門に引き渡すのではなく、各機能の業務を並行させて製品開発を進める方法です。

図6-1　シーケンシャル型とコンカレント型プロセス

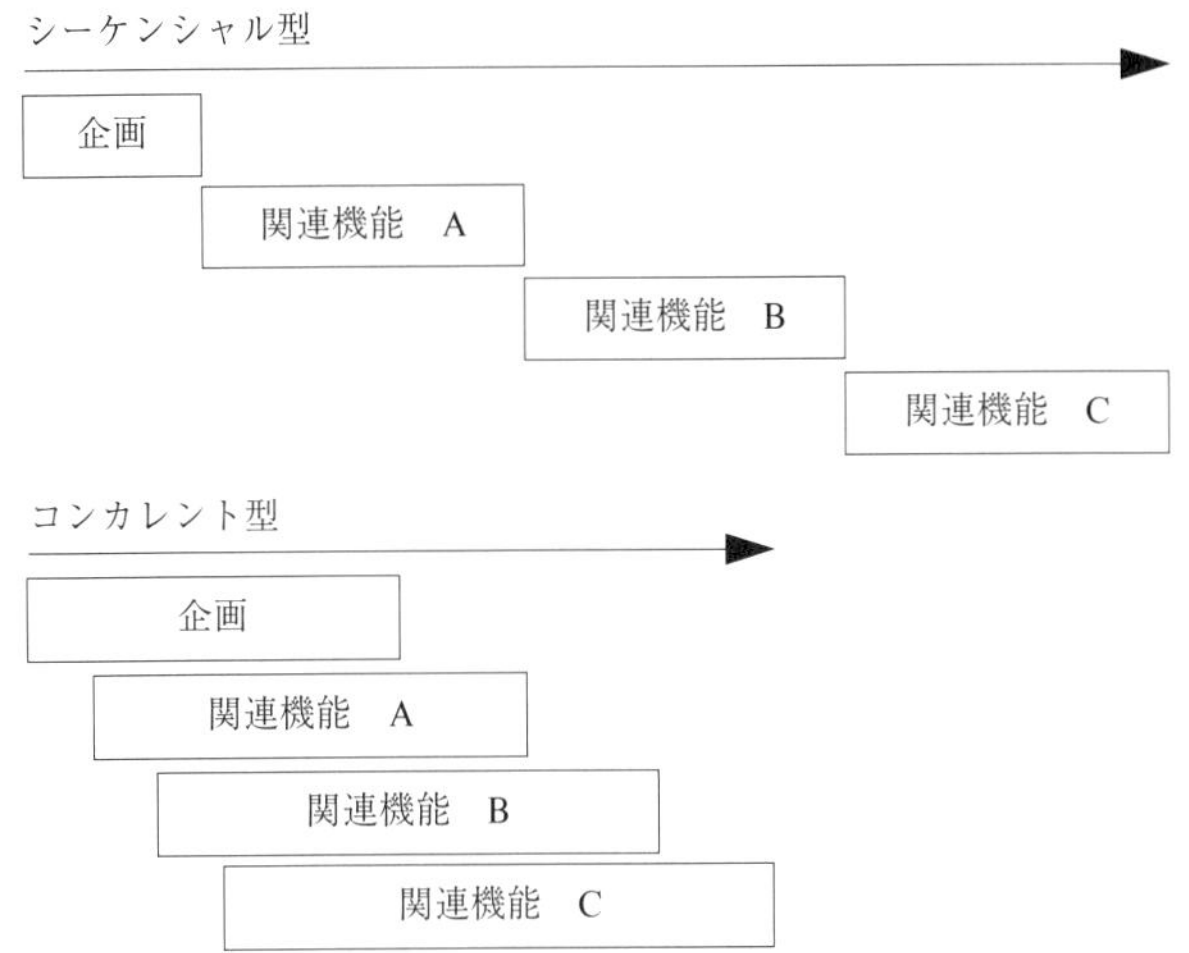

一方、並行させない従来の方法は、対比的にシーケンシャル（逐次的）なプロセスと呼ばれます。ここで、並行的に実施するという場合には、時間的な意味だけではなく、相互に情報やデータを交換することや協働することも含んでいます。それがなければ並行化の意味がないからです。

製品企画、設計、テスト・解析、購買計画、生産準備、マーケティングなど、すべての業務間でCEは重要ですが、特に製品開発プロセスの成否に影響が大きいのは、設計と生産技術の間における並行化です。

シーケンシャルなプロセスでは、ある製品の設計が完了した後で、その図面をもとに生産設備の開発や生産準備を始めることになります。

一方、ＣＥではまず、設計の初期段階からどのような設計にすれば生産しやすいかを製品設計と生産技術の両部門が一緒に検討し、製品設計の途中段階でもできるだけ多くの図面や情報を生産技術に伝え、生産準備がなるべく早く開始できるようにします。

次に、特に部品構造が複雑な製品の場合には、複数の設計分野間での並行開発が重要になります。例えば自動車の開発では、ボディの設計とワイヤーハーネス（電線の束）の設計がありますシーケンシャルなプロセスでは、ボディの設計が完了した後でそのボディの形状に合わせてワイヤーハーネスを設計することになるため、結果的にワイヤーハーネスが必要以上に長くなる、またはボディ構造上通る場所がないといった問題が発生します。このような問題が起きれば、ボディの設計を変更しなければなりません。他方、ＣＥではボディ設計の初期段階から情報交換を通じて、ワイヤーハーネスについても考慮しながら設計するため、このような問題が回避できます。

その他の機能部門間でもＣＥは重要なツールです。マーケティング部門の販売戦略や顧客ニーズに関する情報も、設計初期段階から十分に取り入れる必要があります。開発が進んだ段階で、それらを取り入れようとすれば、設計を変更しなくてはなりません。同様に、購買部門やサービス部門などとも、開発初期段階から十分に情報交換することが重要です。

ＣＥの目的は、開発期間の短縮だけではありません。ＣＥは異なった分野の技術者間の相互作用を促進し、活発な知識創造活動を可能にします。その結果、製品の機能や品質にも大きな改善をもたらします。

2　フロントローディング

前述のとおり、製品開発とは、情報や知識が目に見える形としての製品に向けて徐々に具体化されるプロセスです。また、まずは多くの部品が別個に開発され、徐々にすべてが組み合わされていくプロセスでもあります。そのため、製品開発のプロセスが進むにつれて、設計を修正・変更するために必要な工数が増えます。つまり、問題とは必然的に増殖性を持っているのです。

その理由は第一に、設計の変更が遅くなればなるほど、結局は無駄になるにもかかわらず費やされる開発時間が増えていくことです。例えばある部品を設計して、さらに強度解析を実施した後で、製造性に問題があることが判明して設計をやり直した場合には、設計だけでなく解析の時間も無駄になります。

第二に、一つの部品について設計変更した場合に、他の関連する部品まで変更しなくてはならない可能性が高くなることです。設計初期段階では個々の部品を別々に設計していても、徐々に他部品との整合性やフィットを厳密に定義していきます。したがって、設計が完成に近づいた時点で、一つの部品を設計変更すると、関連部品に大きな影響が出てしまうのです。

これらの点を考慮すると、製品開発をうまく実施するためには問題解決の前倒しが必要になることがわかります。これはフロントローディングとも呼ばれます。前倒しをするには、まず後工程で起こりうる問題をなるべく早い時期に顕在化させることが必要です。それによって、問題の発生を未然に防ぐことや、問題がまだ芽の段階に摘み取ることができるのです。

早い段階でこのような問題の顕在化を実現するには、通常であればプロセスの後段階で実施することを、なるべく早い段階に組み入れるという手段があります。具体的には、設計段階からそれが生産される過程を考えることや、設計が完了する前から可能な部分については実際に生産準備にかかることが有効です。これらの実施は製品設計者だけではできません。そのため、生産技術者も設計段階からかかわることになります。つまり、フロントローディングを行うためにはＣＥが必要なのです。

フロントローディングをＣＥによって実現すれば、結果的には図6-2に示すような成果となって表れます。この図はある自動車企業で実際の新車開発に費やされた開発工数を製品開発の各時点で測定したものです。この企業は、シーケンシャル型（破線）からコンカレント型（実線）へプロセスを革新することで、大幅な開発期間短縮と工数削減を同時に実現しまし

図6－2　ある自動車企業の問題解決前倒しの成果

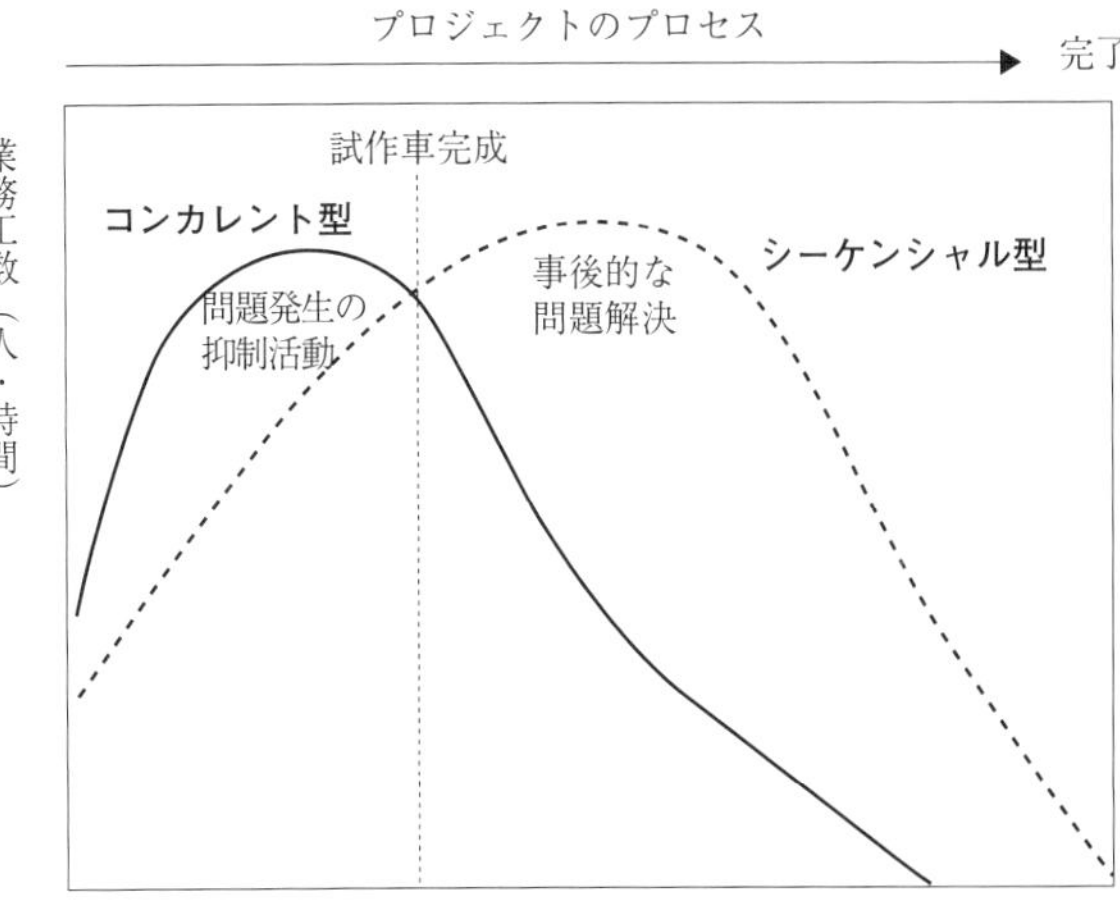

た。

製品開発において工数の多くは、設計変更に代表される様々な問題解決に充てられます。工数分布を比較すると、コンカレント型の方が早い段階に問題解決のピークがきていることがわかります。また、全体の工数は面積で比較できますが、それが減少しているのがわかります。つまりそこでは、早い段階でコンカレントな活動を増やし、問題を早めに解決すること、または問題の発生を防ぐ活動ができていることがわかります。

この事例において開発方法として具体的に変更された点は次のようなものです。シーケンシャル型の旧プロジェクトでは、設計がある程度終わり試作車を作った段階（図中の試作車完成時点）で生産技術者やテスト担当者が問題点のチェックをして、そのフィードバックをもとに多くの設計変更がなされていました。図に示されるように、シーケンシャル型では試作車完成の直後に業務工数のピークが表れています。つまりここでは事後的な問題解決が行われていたのです。

一方、プロセス革新後のコンカレント型では、試作車ができる前から、途中段階の設計図面をベースに、後工程の関連部門が一緒になって何度も問題点の検討をするようになりました。このような活動をデザインレビューと呼びます。これにより、設計変更を未然に防ぐことができるようになったのです。このコンカレント型プロセスでは、最初の試作車ができた時にはすでに大きな問題はほとんど解決されていると、この企業は言明しています。

3　業務分担構造——相互依存性とコミュニケーション

元来CEを実施するのが難しいのは、設計と生産技術のように密接に関連する業務にもかかわらず、組織的にそれらの部門やグループが分離されているからです。一つの部門ですべてができるのであれば、あまり問題にはなりません。複数の機能部門間で相互関連性のある業務をうまく実施するためには、十分な調整とコミュニケーションが必要です。

業務間で必要とされる調整の量は、それらの業務間における相互依存性の程度によって決ま

図6－3　役割分担の考え方（例）

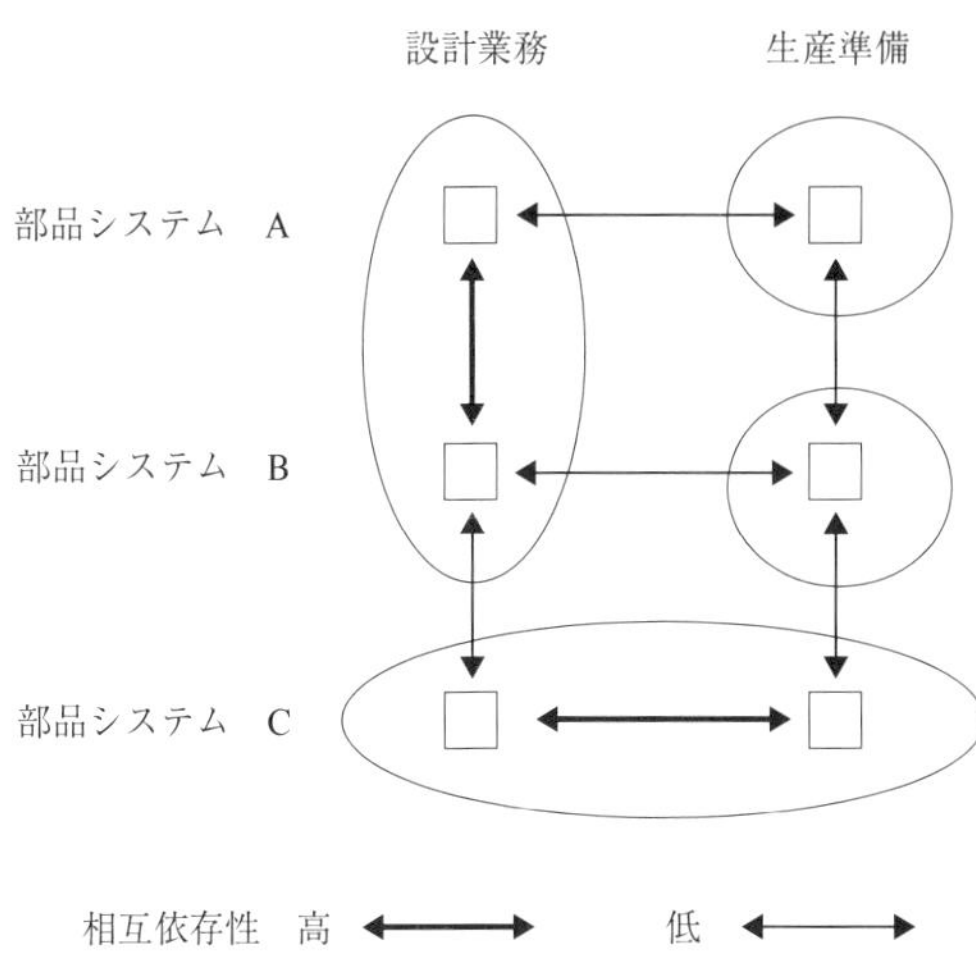

ります。したがって、相互依存性が高い場合には、できる限り同じ部門やグループにまとめる方がよいといえます。これは前章の組織構造のデザインと基本的に同じ考え方ですが、ここではミクロな視点から捉えています。

図6－3はそれを簡略的に示したものです。この例では、部品システムAとBは設計業務の相互依存性が高いのでグループ化しています。部品間の相互依存性は同じ部品間でも、開発する製品によって異なる場合があります。例えばノートパソコンの開発では、バッテリーと液晶モニターは通常直接関係ありませんから、別のグループで担当すればよいと思えます。しかし小型化を追求すると、レイアウト上これらは密接に関連します。したがって、同じグループで開発することが必要になります。

図の部品システムCは、設計上は他の部品システムと相互依存性がありません。例えば自動車のバッテリーのように、モジュール化（および標準化）され、他部品とは独立して開発できる部品を想定してください。しかし一方で生産準備業務に対しては相互依存性が高いとします。具体的には、設計の内容によって新しい生産技術を導入しプロセスを変更しなくてはならないとしましょう。この場合には、部品システムCの設計業務は図のように生産準備業務と一つのグループにまとめ、一緒に開発を進めていくのが望ましいことになります。

このように業務分担構造は、部品システム開発の特性に合わせてフレキシブルに構築することが必要です。しかし実際には、決められた組織構造によって業務分担が硬直的になっている企業が少なくありません。例えば、設計グループが電気・電子系と機械系といった専門性によって単純に分割されている場合です。しかし相互依存性の関係という視点から見ると、そのような分け方は適切な業務分担構造となっていないおそれがあります。

組織変更をしなくても、相互依存性の高い業務をまとめて臨時の問題解決型グループをつくると効果的な場合があります。例えば、製品の小型化を課題として、関係する技術者を集めた「小型化促進グループ」のような仕組みです。

また、相互依存性の高い開発業務が、同じ場所でできる環境をつくることも有効な手段です。これはコロケーションと呼ばれます。地理的に近いことと、コミュニケーションや調整がうまくできることには、当然のことながら、強い相関関係があるためです。

4　コンカレント・エンジニアリングにおける情報交換

ここまで説明してきたように製品特性に合わせて組織構造や業務分担を適切なものにしたとしても、それだけでは十分ではありません。実際に製品開発プロセスを効率的に促進するうえで鍵になるのは、関連機能間のコミュニケーションと情報交換です。たとえCEを導入しても、それが形式的なものになり、実質的な効果を生んでいない場合が少なくありません。実質的に機能させるためには、前工程と後工程が共同で問題の発見と解決をうまく行うための情報交換と共同活動が必要です。そこで、この点について、再び前工程としては設計、後工程としては生産準備をとりあげ、考えてみましょう。

①「生産しやすい設計」ノウハウの蓄積と共有　効果的なCEのためにはまず、設計を開始する前に、生産技術から設計へ生産要件に関する情報を十分にインプットすることが大切です。つまり、設計する際に守らなければならないポイントを提示することです。

ここで特に大切なことは、過去の製品開発での失敗の事例を十分に活かすことです。生産がうまくいかなかったために設計を変更しなくてはいけなかった問題点を日常的に整理して、設計へフィードバックすることが求められます。また過去に発生した問題をデータベース化して、設計者がいつでも検索できるような仕組みも有効です。さらに、それらの問題点から「生産しやすい設計」のためのルールを文書化するのも効果的です。

トヨタでは、製品の設計者が守るべき、製造しやすい設計のルールがしっかりと整備されてきました。このために近年では、設計と生産技術の間で必要とされる調整やコミュニケーションの量が減少傾向にあるといいます。調整しなくても問題が生じないぐらい、両者の相互理解が進んでいるのです。

ただし注意すべきは、設計ルールを厳しくしすぎると創造的な設計活動に悪影響をもたらすことがあるという点です。したがって一度決めたルールでも、適度な間隔で見直す活動が必要です。ルールが製品開発プロセスのルーチンに組み込まれてしまうと、見直す機会を失います。商品性に悪影響をもたらすようなルールが残り続けることは、避けなくてはいけません。

②効果的な情報移転の方法　次に、設計部門から生産部門へ、設計の途中過程でも情報を早めに出し、それに対する生産部門からのフィードバックを迅速に反映する活動が求められます。情報の受け渡しには、設計が完成した段階で一括して渡す方法と、途中段階から分散的に渡す方法があります。図6-4はそれらを対比したイメージを表しています。CEを実現するためには、後者の分散型情報移転が不可欠であり、そのマネジメントがCEを成功させる鍵だ

図6－4　業務間の情報移転方式

一括型情報移転

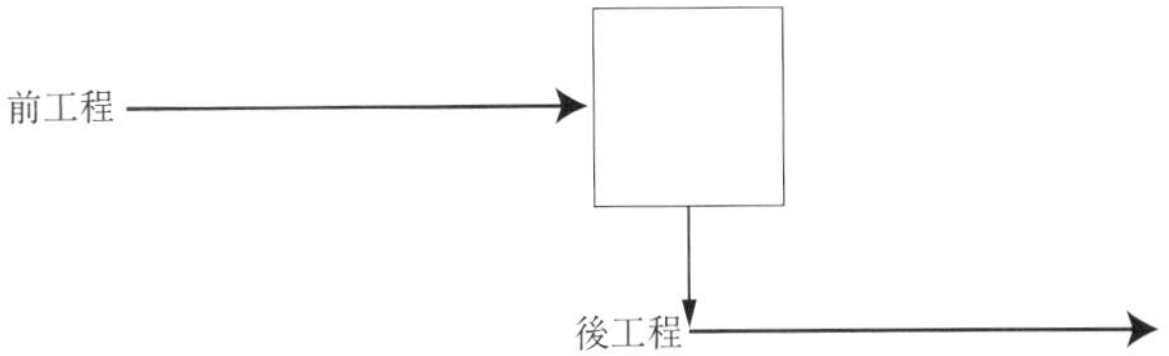

分散型情報移転

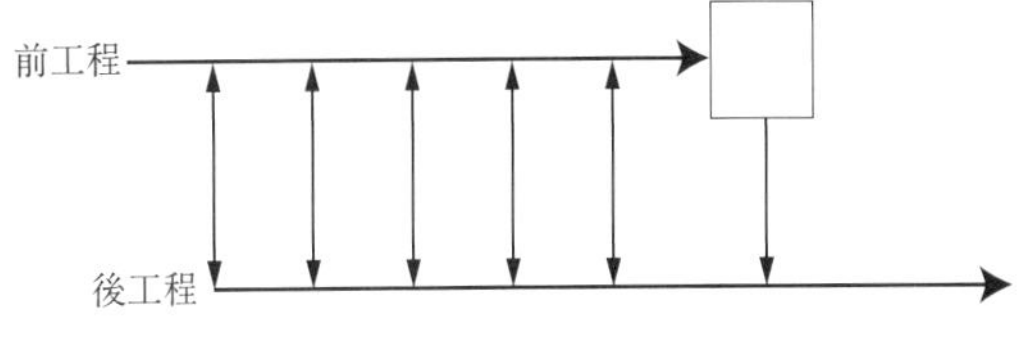

といってもよいでしょう。

設計の途中段階に、どのような情報や設計データを生産側へ供給するのがよいのかについては、十分に考える必要があります。まだ決まっていない未完成の設計図面を生産側へ渡して、それをもとに生産準備を進めたけれども、結局最終の設計は全く別のものになって生産準備が全く無駄になった、というのでは意味がありません。未完成であっても、生産準備を進めていくうえで有意義な情報でなくてはならないのです。

分散型情報移転の中身には、二つのアプローチがあります。一つは、部品システム全体が完成していなくても、完成した部分から順番に生産側へ渡す方法です。積み木のように一つずつ渡し、最後にはすべての情報が移転することになります。

もう一つは、最初に大枠の設計情報を渡し、その後徐々に詳細の情報を渡していく方法です。例えば、最初は製品全体のサイズやレイアウトの大枠情報を渡し、徐々に詳細設計に移るといったものです。段階に応じて徐々に精度を高めていくといってもよいでしょう。製品全体のまとまりを重視したやり方です。そのため、特に部品間での相互依存性が高い場合には、このやり方が優れているといえます。一番めの方法では、早い段階に完成させた部品設計を、後になって修正することになる可能性が高く、あまりよい方法とは言えません。

どちらにしても、前工程と後工程の間にチームとして一体となった信頼関係がなければ、前工程は途中段階での情報や図面データを後工程に出すことを躊躇します。やりとりされる情報はあくまでも未完成なものですから、後で変更する可能性も少なくありません。そのときに、変更は前工程の責任だと追及されるとしたら、前工程は情報を出しにくくなります。したがってどちらの責任ということではなく、共同で問題解決に取り組む姿勢が必要です。

5　三次元ＣＡＤによるＣＥの促進

ＣＥを効果的に実現させるうえでは、情報技術が重要な役割を果たします。特に新世代のＣ

図6－5 CADの普及状況

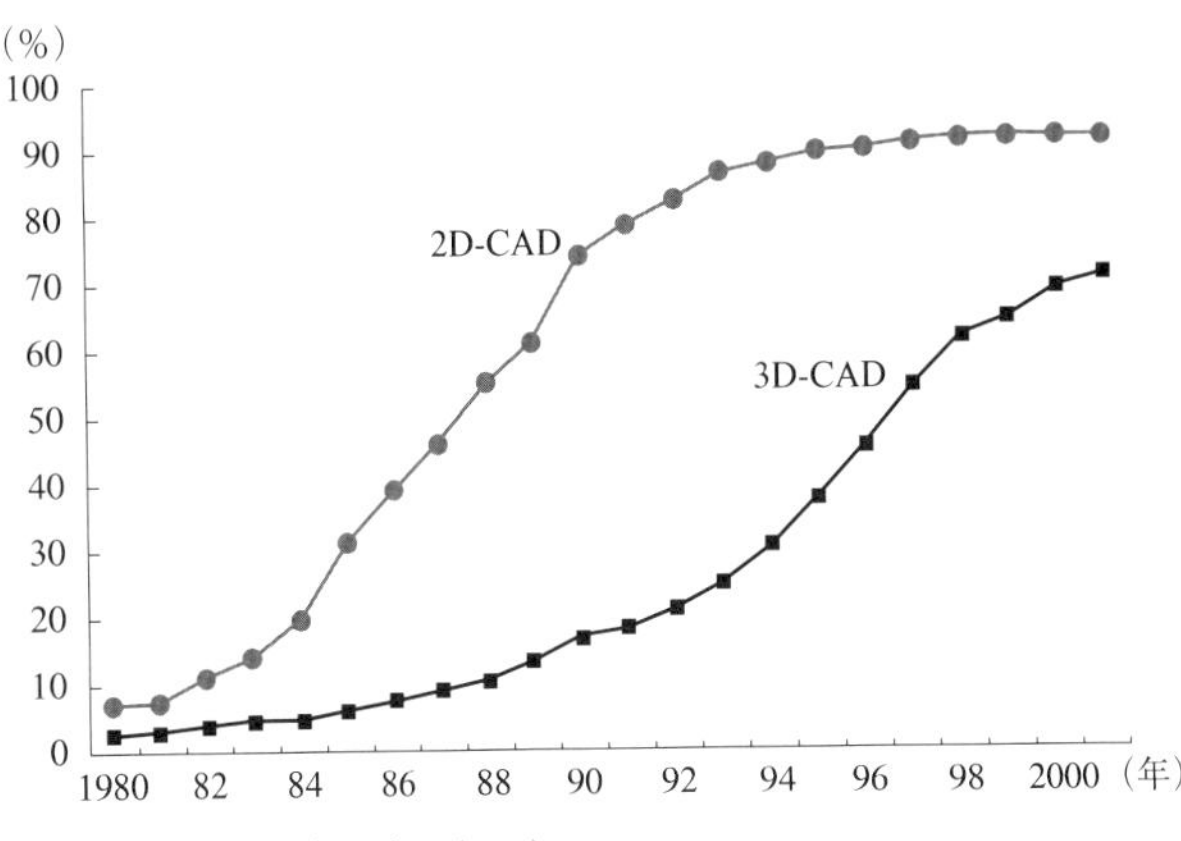

（出所） 竹田・青島・延岡（2002）

ＣＡＤは、製品開発プロセスのイノベーションに大きな意味を持つようになっています。

①二次元ＣＡＤから三次元ＣＡＤへ 従来、製品の設計は製図板を使うのが一般的でした。しかし一九八〇年代の半ば以降から、二次元ＣＡＤが普及し始めました。

図６－５に機械系の東証一部上場の大企業におけるＣＡＤの普及カーブを示しています。この図からわかるように、九〇年代初頭頃までには、ほとんどの企業でＣＡＤが設計ツールとして使われるようになりました。二次元ＣＡＤの役割は、図面をコンピュータ上で描くことによって、製図効率を向上させることにありました。特に同じ図面を修正して再利用する場合に、二次元ＣＡＤは大きな効率性をもたらしました。

一方、九〇年代半ばから本格的に三次元ＣＡＤ

が導入されるようになりました。その潜在能力を考えると、設計開発ツールとして、今後の中心になっていくことは間違いありません。しかし、三次元ＣＡＤの普及は必ずしも迅速に進んでいるとはいえません。図6-5の普及カーブを見ると、二次元ＣＡＤと三次元ＣＡＤの普及状況は、約十年にも及ぶタイムラグがあることがわかります。そして、三次元ＣＡＤはすでに、普及スピードが遅くなりかけています。

しかもこの図では、二〇〇一年時点で約七〇％の普及率ということになっていますが、その中には試験的に導入してみただけという企業も含まれています。実際に三次元ＣＡＤをメインの開発ツールとして利用している企業は、三〇％以下しかないのです。

そこで、二十一世紀に入って本格的に利用されはじめた三次元ＣＡＤの役割と、その導入の難しさについて説明しましょう。

②三次元ＣＡＤの役割とメリット

製品開発プロセスへの影響という点において、二次元ＣＡＤと三次元ＣＡＤの間には、根本的な違いがあります。第一に、図面の概念そのものが異なります。二次元ＣＡＤはあくまでも、従来の図面と同じ三面図を電子化しただけのものでした。

第二に、三次元ＣＡＤで作られた図面は、それ自体が数学的なモデルとしての情報を持つことです。そのモデル情報を利用すれば、そのまま解析に使うことや、自動設計に近い機能を持たせることができます。

このような特性をもつので、三次元ＣＡＤは単に設計効率の向上ではなく、開発プロセス全体へ影響を持ち、ＣＥを促進させる役割が期待されています。その結果、大幅に開発全体の効率向上と期間短縮が実現できると考えられます。では具体的にどのようにして、三次元ＣＡＤはＣＥを促進するのでしょうか。

第一は試作の早期化です。ＣＥの重要な点は、強調してきたように問題解決の前倒しです。前倒しをするためには、設計と生産や解析の間での効果的な情報交換が必要条件です。実際の試作品が完成する前から、生産技術者やテスト技術者からのフィードバックが必要になります。しかし試作品がなく、ラフな二次元図面しかない段階では、後工程からフィードバックを受けることが困難です。しかしここで三次元ＣＡＤを利用すれば、試作品ができる前の段階でも、コンピュータ上で部品を組み合わせ、仮想的に試作できます。これはデジタル・モックアップ（デジタル試作）と呼ばれます。これを媒体にして、ＣＥ活動を早い段階から効果的に実施できるのです。

第二に、デジタル・モックアップを使えば、開発初期段階から他の部品との干渉問題を自動的に発見することができます。自動車や航空機のように多数の部品から構成された複雑なシステム製品では、部品間干渉は最も頻繁に発生する問題です。例えば、自動車では設計変更が必要とされるような問題の七〇%は部品間干渉に関係しているといわれます。

第三に、三次元データがあればラピッド・プロトタイピングも活用できます。これは試作型を製作することなく、データから直接レーザー・リソグラフィー技術などにより部品の試作をする方法のことです。

第四に、三次元であれば、設計者は生産条件を完全に盛り込んだ設計が可能になります。二次元設計では、設計者は技術的機能を中心に考えた二次元図面を描くことしかできません。生産準備に必要な、部品の裏側や抜き勾配、アール形状などの詳細形状は、二次元図面では十分に表現できません。そのため通常は生産技術者がこれらの詳細形状を決めています。一方、三次元では設計者自身が完全な形状を設計することができます。つまり生産技術に詳しい設計者であれば、生産技術者との調整をしなくても生産に適した設計ができるのです。

第五に、三次元の設計データがあれば、設計者自身が比較的高度な解析もできます。剛性などの解析モデルの作成が比較的容易に可能になります。二次元データであれば、新たに解析用のデータを作成する必要がありますが、それには多大な工数と高度なスキルが必要です。したがってそのような場合には、専門の解析グループが必要となり、CEの実行には多大な調整が必要になるのです。

③三次元CAD導入の課題

これらのメリットを実現するためには、製品開発プロセス全体

図6-6　三次元CAD導入の必要条件

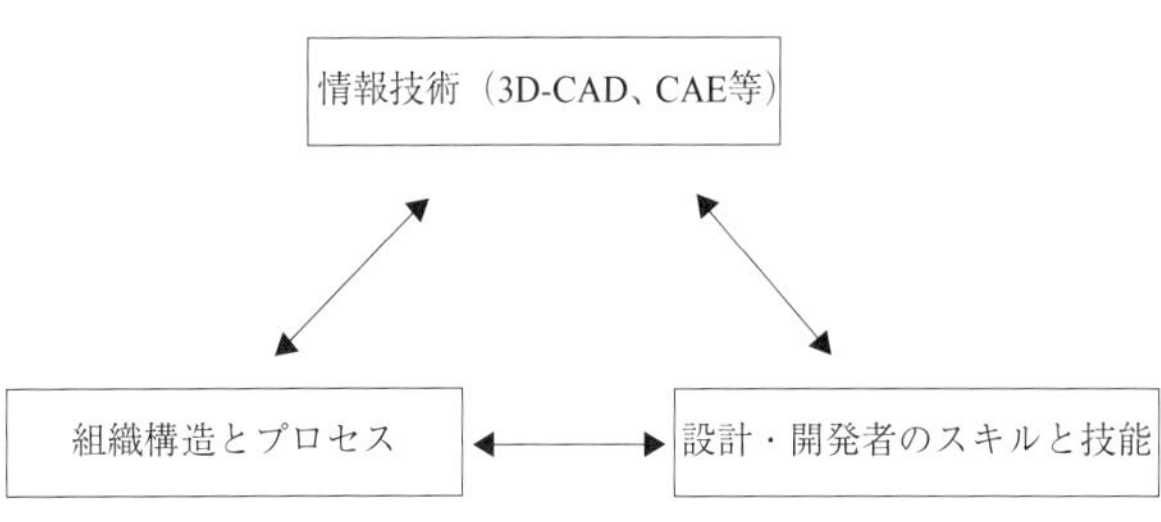

を大幅に変える必要があります。

図6-6は、三次元CADを代表とする情報技術を製品開発にうまく活かすための必要条件を示しています。つまり三次元CADの導入によって成果を得るには、製品開発の組織構造とプロセスを同時に変更し、設計・開発者は新しいツールに合致したスキルを早急に修得する必要があるのです。

第一に、組織構造とプロセスを変更しなければなりません。どの企業にも、多くの機能やタスクが複雑に絡み合った中で高い効率をめざして作り上げられたプロセスがあります。したがって、そのプロセスを新しい開発ツールに合わせて大きく変革することは容易でなく、変革初期は逆に効率が悪化することも十分起こり得ます。これも、第Ⅱ章で説明した「革新に伴うジレンマ」です。

さらに、現行の設計、生産技術、解析からなる組織構造の見直しも必要です。前述のように、三次元CADを使うと製造の条件（抜き勾配など）を設計段階から図面に盛り込むことができま

COFFEE BREAK

―― 開発プロセスにおける日本企業の強み ――

日本製造業の業績の浮き沈みに併せて、その競争力が様々な視点から議論されてきました。2000年を挟んだ長い不景気を迎え、日本製造業の競争力や組織能力は全面的に批判されることも少なくありませんでした。しかし、その批判は必ずしも当たっていません。

実は、特に自動車の製品開発に代表される複雑な組織プロセスに関しては、昔も今も変わらず日本企業の組織能力の高さが際立っています。これはMITやハーバード大学などで実施されている国際的な調査研究によって証明されています。例えば、平均的な新車開発において、日本企業は欧米企業の半分程度の工数とリードタイムで開発できます。しかも、この優位性は、日本の製造業の競争力が弱まったといわれる1990年代の後半になっても、全く縮まることはなかったのです。

本章で説明してきたように、CEの実施は、単なるシステムの問題ではなく、異なった専門分野の技術者間の信頼関係や以心伝心ともいえる緊密な情報交換が鍵となるために、欧米企業にはなかなかまねができないのです。

ただし、この製品開発組織の強みを財務的な業績に結びつける戦略に欠けている企業が多いのが日本企業の大きな問題なのです。しかも今後、モジュール化などによって製品アーキテクチャが単純になると、余計に組織プロセス能力が企業の業績に結びつきにくくなることに注意が必要です。

す。その結果、役割分担の考え方が変わることになります。例えば、製品の設計と同時に、同じ設計ツールを使って金型を設計することも比較的容易になるので、製品と生産の設計部門を統合する方が良い場合もあります。

第二に、設計者は新しいツールに合わせたスキルと技能を向上させることが必要です。当然のことながら、三次元で設計できる能力は必要です。しかし、それ以上に重要なのは、これまでの役割分担を超えたスキルです。例えば、設計者は製造しやすい設計要件についてこれまで以上に理解を深め、なるべく多くを設計段階で入れ込むことによって、三次元ＣＡＤのメリットを活用できます。

このように様々な条件を満たせば、三次元ＣＡＤは強力な製品開発ツールとして開発効率の向上や期間短縮に貢献するはずです。しかし、こうした組織やスキルへの対応を十分にしないままに導入すると、効率は逆に悪くなります。これが、三次元ＣＡＤがなかなか本格的にメインのツールとして普及しなかった理由なのです。

Ⅶ 企業間関係のマネジメント

●製品開発を効率的に進めるには、外部企業とうまく協力して多様な技術とデバイスを組み合わせることが重要です。

●企業間関係で最も基本的な問題は、何を外部企業に委託するかにあります。

●デザイン・インとは、部品企業が顧客企業の実施する製品開発プロジェクトに早期から参加し、企画や機能開発、コスト開発などを共同で実施するプロセスです。

製品とそれに利用するデバイス等の開発・製造を、一つの企業内部ですべて行うことは通常ありません。特に近年は技術が複雑化しその変化も早くなっているため、外部企業とうまく協力して多様な技術やデバイスを組み合わせることの重要性が一段と増しています。つまり、複数の企業が協力し合うことが、競争力の高い製品を開発するための必須条件になりつつあるのです。

具体的にいえば、次々に出現する新しい技術、デバイス、部品をすべて内部で開発していては、新製品の開発競争に遅れてしまいます。また、せっかく内部で開発し生産が軌道に乗ったデバイスでも、技術が陳腐化すると、それを組み込んだ自社製品の競争力が低下するだけでなく、その生産設備が無駄になってしまうのです。

例えばパソコン業界において、デルコンピュータが高い競争力を持つようになったことが、この問題を象徴しているといえます。デルは、グローバルな視点から、最も優れたデバイスを調達して組み合わせる仕組みに長けています。デル自体はデバイスを製造しませんが、技術評価の能力と、技術と顧客ニーズとを結びつける能力に優れているのです。

日本企業は元来、系列に象徴される企業ネットワークをうまく活用してきました。自動車産業や家電産業がその代表で、企業間の協力関係が世界的な競争力の源泉となりました。例えば、近年は変わりつつありますが、従来ＧＭやフォードは七〇％以上の部品を社内で製造しています。逆に日本の自動車企業は少なくとも七〇%は社外から調達しています。そして社外から調達する部品の多くは、部品企業が設計も担当しています。つまり日本では、部品企業の設計開発能力を育成しつつ、うまく協働して部品を開発する仕組みをつくったのです。

しかしその仕組みは、必ずしも日本企業が戦略的につくり上げたわけではなく、様々な要因から自然にできあがったものだとする議論があります。それを裏付けるかのように、現在では日本企業が一般的に外部企業をうまく活用しているとはいえません。逆に、自前主義〔英語ではＮＩＨ（Not Invented Here）シンドロームとも呼ばれます〕が問題になっている場合の方が多いようです。

1　企業間関係の種類――垂直的関係と水平的関係

企業間関係には、大きく分けて垂直的関係と水平的関係の二種類があります。近年、どちらの形態も量的・質的により一層重要になっています。

①垂直的関係　垂直的な企業間関係とは、サプライチェーン（部品・材料の調達から販売に至る供給連鎖）の上流と下流の関係を指します。垂直的関係としては、最終製品のアセンブラ（松下やトヨタ）と、材料や部品などを供給するサプライヤ（ロームやデンソー）の関係が一

般的でした。しかし近年では、新しいタイプの企業が生まれ、企業間関係は複雑になりつつあります。

例えば、同じアセンブラでも、従来のＩＢＭや松下といった製造企業とは別に、それらの企業から組立を受注し、それを専業とするＥＭＳ（Electronics Manufacturing Services）と呼ばれる企業が増えてきています。さらに半導体産業では、半導体の設計のみを請け負う「ファブレス」や、生産のみを行う「ファウンダリ」という企業形態が生まれています。つまり、単なる部品の調達・供給の関係だけでなく、設計や生産といった機能においても企業間で分業が進んでいるのです。

②水平的関係　水平的な企業間関係とは、競争企業間における関係のことを指します。製品や技術の共同開発、技術供与（ライセンシング）、ジョイントベンチャー（合弁）といった競合企業間の提携は、典型的な水平的関係です。例えば、熾烈な競争を展開している自動車企業の間でも、トヨタとＧＭは共同で小型車を開発し、米国で一緒に工場を運営しています。

また、競合企業から製品を供給してもらい、自社のブランドで販売するＯＥＭ（Original Equipment Manufacturer＝オリジナル機器製造業者）も、近年一段と増えています。ある市場が拡大するにつれて多くの企業が参入します。しかし、その市場の成長が鈍化すると、過当競争になります。そこで、企業間で協力せざるを得ない状況が生まれます。日米欧の主要市場ではこのような環境に直面する企業が多く、水平的な企業間関係はますます重要になっています。

企業間関係における重要な課題は、次の三点です。第一は、どこまでを自社で行うのかという選択の問題です。具体的には、何を内部で製造し、何を外部から購入するのかという選択です。また、内部で独自に開発するのか、それとも他社と共同で開発したり技術供与を受けたりするのかという選択も重要です。このような選択を行うには、他企業と協力関係を持つことの理由と目的を明確にし、選択の基準を決めておくことが大切です。

第二は、自社を企業ネットワークの中で、どのように位置づけるのかという問題です。例えば、ある部品の購入を考えるときに、購入先を絞り込んで閉鎖的（系列的）な一対一の関係にするのか、それとも開放的なネットワークにするのかという問題です。これは、外部企業を含んだ「企業間ネットワーク構造」の設計といってもよいでしょう。

第三は、技術や部品の調達企業や提携パートナーとの間にどのような関係を構築するのかという、関係性のマネジメントに関する問題です。例えば、契約に基づいたドライな関係なのか、信頼関係を重視して常に共同で問題解決に取り組むパートナー的な関係なのかというマネジメントの選択がこれに当たります。

2 外部企業利用の理由と目的

なぜ、企業内部ですべての開発・生産を行わずに、外部企業からの部品調達や共同で開発を行うべき状況が生まれるのでしょうか。その理由・目的について考えてみましょう。なお垂直的関係と水平的関係では、その理由が異なる場合もありますが、ここでは両方を視野に入れます。

企業間協力の目的は多岐にわたりますが、大きく次の三つに分けて考えることができます。すなわち、①製品の優位性向上、②市場での競争力向上、③外部企業からの学習です。

(1) 製品の優位性の向上

外部企業を活用することによってより良い製品が効果的に開発できる理由は、次の三点です。

第一は、外部企業から自社にない技術を導入できることです。一つの企業が多岐にわたる分野の技術開発をするよりも、各社がそれぞれ得意分野に集中するほうが、新技術開発に成功する確率が高くなります。また、内部で技術開発するよりも、少ない投資と短い期間で新技術を得ることができます。さらに、技術が特許で守られている場合には、それを所有する企業からライセンシングなどの方法で導入しなければならないため、その点からも外部企業を活用する必要があります。

第二は、規模の経済性によって製品のコストを下げられることです。水平的関係では、両社で技術開発を分担することや、部品を共通化することによって、投資やコストが低減できます。

垂直的関係で部品企業から調達する場合でも、内部で製造するよりも、量産効果が享受できます。部品企業が他の顧客企業へも同じような部品を供給すれば、間接的に量産効果を享受できるからです。例えば、大手の自動車部品企業であるデンソーは、共通部分が多く設計の似たカーエアコンやメーター類を、関連企業であるトヨタだけでなくホンダや三菱自動車などにも販売しています。複数の顧客が購入することによって、デンソーも顧客企業も量産効果を得ることができるのです。

第三に、複数の企業が提携すれば、技術開発に多大な投資が必要な場合でも、一社が負うリスクを低下させることができます。典型的なのは大型航空機です。近年、新型航空機の開発は投資が大きすぎて、一社だけではリスクが高すぎます。そこで、複数企業がチームを組むことが一般的になっているのです。

(2) 市場での競争力の向上

製品自体の品質や価格ではなく、産業構造や競争環境を有利な状況にすることも、企業間協力の重要なポイントです。その理由は次の二点です。

第一に、他社と提携することによって競争企業の数を減らし、競争を緩和することができます。例えば冷蔵庫・洗濯機などの白もの家電業界では、従来は松下電器産業、日立製作所、三洋電機、シャープなどはすべてが競合企業でした。しかし近年、松下電器

用　語　解　説

業界標準

PC、通信、オーディオ・ビジュアル関係の製品では、ソフトやデバイスなどの互換性が製品の価値に大きく影響します。業界標準に合わせなければ互換性を実現することができません。VHS がビデオカセットの、ウィンドウズがパソコン OS の標準になりました。これらは、市場の競争を通じて結果的に業界標準を勝ち得たといえます。このようなプロセスで決まった業界標準をデファクト・スタンダードと呼びます。逆に、携帯電話やデジタル TV の方式は、ある程度は、公的機関によってあらかじめ決定されました。これは、デジューリ・スタンダードと呼ばれます。

一般的に企業の考え方としては、業界団体などで、早めに業界標準を決めることによって、標準間の競争はなるべく避けて、標準を決めた後での競争に専念しようとする傾向が強まっているといえます。どの企業も、自社の製品が業界標準からはずれるリスクはどうしても避けたいからです。また、早めに標準が決まることによって、その市場の拡大時期を早める効果もあります。

と日立、サンヨーとシャープがそれぞれ協力していくための提携を結び、四社の競争は二グループの競争へと変化する可能性があります。

第二に、業界標準（デファクト・スタンダード）の構築をパートナーと一緒に推進することができます。近年では業界標準の重要性が特に強調されており、競合企業間でも標準の構築に向けて協調することが求められています。ソニーとオランダのフィリップスが提携することによって、コンパクトディスク（ＣＤ）がスムーズに業界標準として認められたのは典型的な例です。

(3) 外部企業からの学習

協力企業から学習することも、外部企業を活用する重要な理由の一つです。製品開発に関するプロセスや能力は、共同で開発することによってのみ学習できることが多いといわれます。

例えば、多くの日本企業は第二次大戦後、欧米企業から学習するために、技術のライセンシング導入や共同開発を実施しました。同様に、ＧＭがトヨタと共同で小型車を開発し、米国で工場を運営しているのも、トヨタから製品開発や品質管理について学習するのが、大きな目的だといわれています。

このように、企業間の取引や共同開発を、単発のビジネスとしてだけではなく、相手企業から学習する機会として捉えることが重要になっています。ただし学習を強調し過ぎることには注意が必要です。というのは、学習される側に不公平感が生まれる危険性があるからです。また、学習を目的としていた側が学習し尽くしたと考えた場合に、ビジネスがうまくいかなくなる問題が起こることもあります。

3 外部調達の決定基準

企業間関係における最も基本的な問題は、垂直的・水平的関係にかかわらず、何を内部で行い、何を外部企業へ委託するのかということです。さらにこの問題は、どのような部品を外部調達するのかという選択と、外部調達する際にどのような機能を委託するのかという選択の二つに分かれます。

表7-1にまとめてあるように、内部で開発・製造する部品を選択する際の基準は、三点あります。

①部品の付加価値　一つめは、企業に対してその部品がもたらす付加価値です。つまり、設計・生産することが高い付加価値に結びつく場合は、企業内で実施すべきです。

付加価値を決める要因の一つは、顧客にとっての価値です。したがって、商品力を決定する

表７－１　内部で設計・製造すべき部品を選択する基準

1　部品の付加価値	• 顧客への価値が高い • 企業の強みを反映したコア技術 • 技術の発展性・応用性が高い
2　部品の供給企業	• 優秀な部品企業の数が少ない
3　部品の設計特性	• 他の部品との相互依存性が高い • 標準化されていない

要因として重要な部品は、内部で設計・製造したほうがよいことになります。例えば、自動車の商品性にとってはエンジンが重要ですから、企業内で設計・製造されることがほとんどです。

さらに、企業がその部品技術に関して競争優位性を持っているコア技術の場合は、内部での開発・生産を続けるべきです。また、長期的に考えた発展性も重要です。新しい技術への発展性と、他の製品分野へも応用・展開される発展性の両方を十分に評価し、発展性の高いものは内部で育成すべきです。

②部品の供給企業数　二つめは、ある部品を供給する優れた企業が複数あるかどうかです。供給企業が一社しかないと、調達する側の交渉力が低下してしまい、良い条件で調達できる可能性が下がります。また、その部品企業からの供給に問題が生じた場合や、品質が改善されない場合には、供給企業を変更する必要がありますが、一社しかないとそれができません。このような状況にある場合は、できる限り内部で設計・製造したほうが良いのです。

③部品の設計特性　三つめは、その部品が他の部品とどのくらい相

図7-1　設計と製造の調達マトリクス

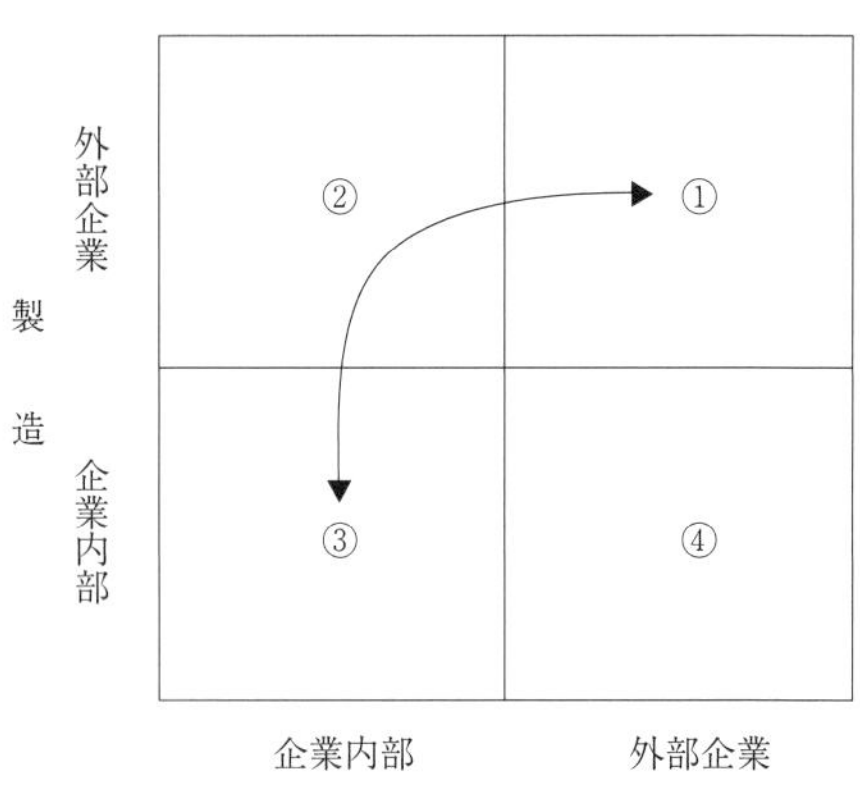

互依存性を持つのか、もしくは標準化されているのかという、部品の設計特性です。部品間の相互依存性が低い、もしくは標準化の程度が高い場合には、外部調達するコストが低くなります。外部企業との調整やコミュニケーションは、社内よりもコストが多くかかります。そのため、調達する部品が他の部品と相互依存性が高い場合に、外部調達すると多大な調整コストがかかります。そのような部品は、可能である限り、内部で設計・製造したほうが良いといえます。

逆に、標準化・モジュール化された部品であれば、外部調達しても多くの調整が必要ありません。また標準化された部品は、他の多くの企業も購入する可能性が高いので、量産効果により低コストになる可能性が高いともいえます。

次に、外部調達するにしても製造だけなのか、それとも開発・設計も外注するのかという選択についてはどうでしょうか。これを考えるために、図7-1の枠組みを利用しましょう。一般的には、①のように設計も製造もすべて外部企業に委託する戦略から、③のように両方ともに企業内部で実施する戦略まで選択としてあります。その中間として、設計だけ、または製造だけを社内で実施するという選択も可能です。しかし通常は矢印で示しているように、②の設計を内部で実施し製造を外注するという戦略が、中間的な選択となります。これは、近年の競争環境からすると、設計開発のほうが製造よりも付加価値が高くなるケースが多いためと考えられます。

単なる組立を行う製品製造の場合は、工場の生産管理の手法が一般化し、企業間で差をつけるのが難しいため、付加価値をつけにくくなっています。情報機器メーカー等でも、中核的な部品やソフトを外部から調達してそれを製品として組み立てるだけでは、付加価値も利益も十分には得られなくなっています。

ただし、製造こそが付加価値の源泉になっているものについては、外部で設計をした部品の製造だけを請け負う図中の④のような戦略もあり得ます。また、企業戦略として、前述のEMSのように④を中心にしている企業もあります。

4 企業間ネットワークの構造

企業間ネットワーク構造には、オープン型とクローズド型があります。その分類を簡略化して表したのが図7-2です。この図は、特定の部品（例えばデルが調達するハードディスク）の取引ネットワークを分類するために、製造企業（メーカー＝M）と部品企業（サプライヤ＝S）の関係をタイプ分けしています。同じデルの部品調達でも、部品によってネットワーク構造は異なります。

M1で示す製造企業は、S1で示す部品企業のみからある部品を購入します。またS1は、この部品をM1にしか供給していません。つまりこれは一対一の閉鎖的な関係です。

一方、M2は三社の部品企業（S2、S3、S4）から購入する複社発注を行います。ただし、それぞれの部品企業はM2にしか供給しません。

そしてM3、M4、M5は3社の部品企業から調達しますが、それぞれの部品企業（S5、S6、S7）は一社だけでなく、複数の製造企業に部品を供給します。

最後に、M6は一社の部品企業（S7）からのみ購入します。M1のケースと異なるのは、この部品企業はM6だけでなく複数の製造企業にその部品を供給している点です。

この枠組みを利用すると、図7‐2の下側②に示しているように、製造企業から見て四種類の調達戦略のタイプがあることがわかります。

製造企業が一社の部品企業だけに依存している場合に、「部品企業の集中度合い」が最も高くなります。また、ある部品企業をその製造企業だけが独占し、他の製造企業との取引はしていない場合に、「部品企業の共有度合い」は最も低くなります。

ある部品購入に関する「部品企業の集中度合い」と他の製造企業との「部品企業の共有」と

図7‐2　企業間ネットワーク構造のタイプ

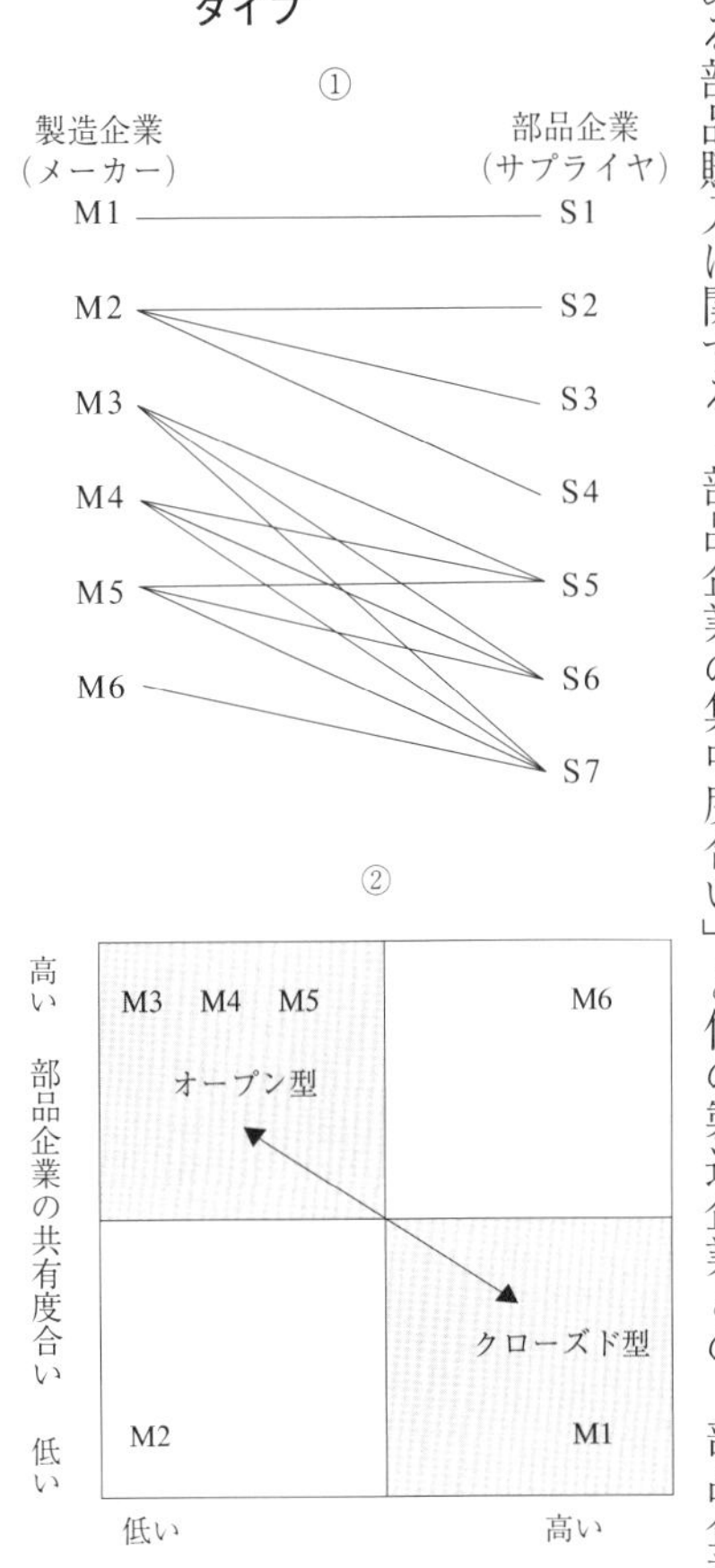

いう二つの視点から見た場合に、M1が最も排他的な戦略で、クローズド型のネットワークといえます。逆に、M3、M4、M5は最もオープンなネットワークを構築しています。

米国と比較すると、日本では伝統的にクローズド型に近い企業間関係が一般的でした。つまり、限定された企業との間で専属的な関係を築き、長期間にわたる安定的な調達関係を保つ傾向がありました。しかし一九九〇年代には、日本企業も徐々にオープン型に向かう傾向が見られました。競争が厳しくなり技術の変化が早まってきたために、限られた企業だけでなく、より多くの企業との取引を模索するようになったのです。その結果、例えば、M1のように一つの部品企業に依存するのではなく、調達先を複数化する動きが見られるようになりました。

また、同じように三社から調達するにしても、M2ではなくM3のように広範囲の顧客と取引のある部品企業から調達する方が様々なメリットを享受できる場合があります。

その理由の一つは、標準部品であれば、部品企業側の量産効果によって部品を低コストで調達できることがあげられます。つまりM1の戦略からM2に変更すると、部品企業一社（例えばS2）の生産量が減少します。しかし、M1からM3への変更であれば、部品企業（例えばS5）は、他の顧客企業へも供給するので生産量は減りません。また、M3のネットワークにはM4やM5が入ることになり、それらの企業は間接的にですが競合企業から相互学習できる可能性が高まります。

しかし、取引する部品企業が多いほどよいとは限りません。そこで、調達企業数についての考え方を説明しましょう。調達企業数に関しては少なすぎても多すぎても、それぞれにメリットとデメリットがあるのです。

①多数企業から調達することの優位点　第一に、特定の調達企業への依存度が低下し、取引に関する交渉力の点で有利です。複数の企業から調達することによって、部品企業間での競争を利用できます。

第二に、部品調達の上で柔軟性が増し、より最適な部品を購入できる可能性が高くなります。同じ部品でも部品企業によって得意な分野が異なります。したがって取引企業が多数あれば、その中からある特定スペックに最適な調達企業を選ぶことができます。

第三に、一社に依存することのリスクを減らすことができます。例えば、単一供給源の工場が不慮の事故などで停止すると、その部品を購入する企業の工場も停止しなければならなくなります。一九九七年にアイシン精機のプロポーショニング・バルブ工場に火災が発生した際に、その部品は小さいものだったにもかかわらず、トヨタは自動車の生産を停止せざるを得なくなりました。

これらの優位性は、特に一社の調達企業に依存しないことで享受できます。したがって、調達企業数の増加に応じて比例的に増加するわけではありません。つまり、一社に依存する場合

図7-3　部品当たりの調達企業数とその優位性（概念図）

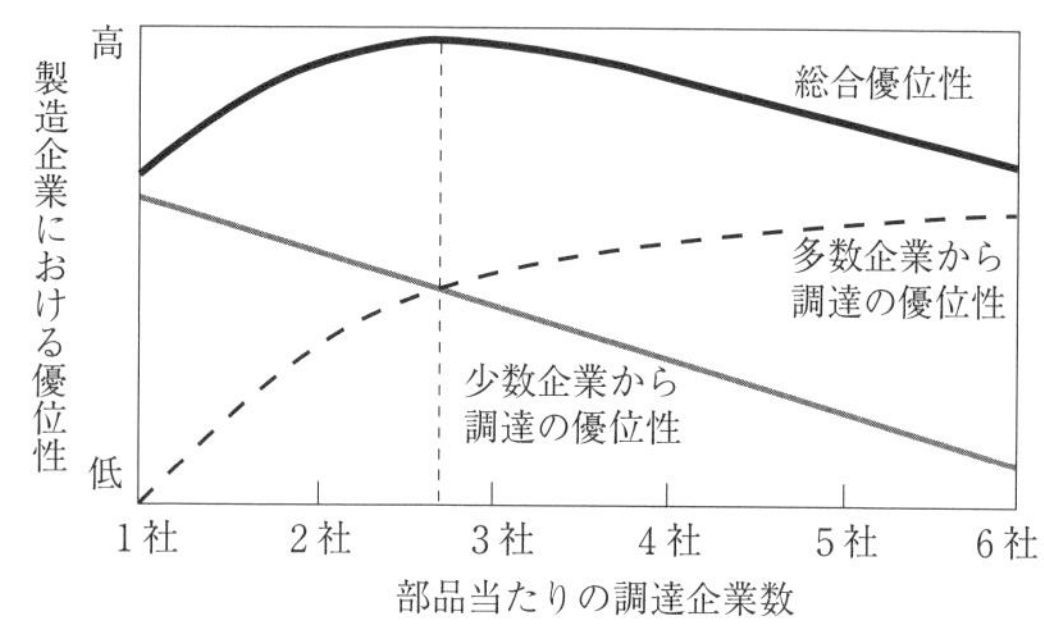

（注）横軸に示された調達企業数は、産業や市場環境によって異なる

のデメリットが特に大きく、三―四社以上になると、調達企業を一社増加させた場合の優位性の向上率は小さくなるのです。この関係を図7-3に点線で示しています。

②少数企業から調達することの優位点　第一に、ある部品に関して調達先を絞り込むことによって、規模の経済性を期待できます。もし類似の部品を多数の部品企業から分散して調達すると、一社から大量に購入する場合よりも生産コストが高くなってしまいます。

第二に、調整や取引の業務コストを削減できます。取引する企業が多いと、情報交換や契約業務などについて、それだけ必要工数が上昇してしまいます。

図7-3を使って整理しましょう。前述のように「多数企業から調達の優位性」は、破線で示すような曲線で表せます。次に、調達規模や単純な調整・管理工数に関する「少数企業から調達の優位性」は、部品当たりの調達企業数の減少によって線形的に増加すると考えられます。そし

てこの両方を加え合わせて考えると、図中では実線の「総合優位性」となり、最適な調達企業数が存在することを表しています。産業や部品によって具体的な企業数は変わりますが、概念的には、一社ではなく三社程度から調達するのが最適だと考えることができます。

5 デザイン・イン

ここでは、部品企業との関係のあり方について見ていきましょう。製品開発を効率的に実施するためには、第Ⅵ章で説明したコンカレント・エンジニアリングの組織プロセスに、部品企業も完全に組み込むことが理想的です。

もし部品企業をうまく組み込めないと、次のような問題が生じます。第一に、部品企業が設計と製造を受け持つ場合には、顧客企業のニーズを十分に取り込めない問題が起きます。具体的には、求められる機能を部品が満たさなかったり、製品に組み込んだ結果、他の部品との整合性が悪いことが判明したりします。

第二に、顧客企業で設計したものを部品企業が製造する場合、その部品設計が特定の部品企業の生産プロセスと整合性がとれていないために、うまく生産できない問題が起きます。

①デザイン・インの役割　このような問題を防ぐために、「デザイン・イン」(design-in) と

呼ばれるプロセスが一般的になってきています。このプロセスでは、部品企業は顧客企業が実施する製品開発プロジェクトに早期から参加し、企画や機能開発、コスト開発などを、共同で実施します。加えて、詳細設計は製造を担当する部品企業が行います。

これを最もうまく実施している部品企業の一つである村田製作所は、ＥＳＩ（Early Stage Involvement）と名付け、同社の戦略の柱にしています。

デザイン・インのメリットは非常に大きいものがあります。まず、部品を実際に製造する部品企業が詳細設計を行うので、生産しやすい部品の設計が容易になります。しかも、部品企業は早い段階から入るので、製品全体のコンセプトを理解して、それに最適な部品設計を考えることができます。また、部品企業は自社が担当しない他の部品のことも十分に考慮しながら設計できるので、製品全体の統合性が高まります。特に、製品の小型化などによって複雑な部品レイアウトが必要な場合、早い段階から他の部品との干渉を考えた設計が重要になります。

②デザイン・インの条件　第一に、部品設計が全く決まっていない開発の初期段階に、部品企業を選択しなければいけません。つまり、顧客企業が設計を完成させて、その図面を使って部品企業に入札させることはできないのです。例えば近年、インターネットを使った入札が増えていますが、それとデザイン・インの両立は難しいでしょう。

第二に、部品企業の開発能力が高くなくてはいけません。部品企業の中には、顧客企業から提示された図面に沿って製造をすることはできても、開発設計の能力は全くない企業もありますが、それではデザイン・インはできません。

第三に、企業間に信頼関係が必要です。顧客企業は、開発プロジェクトの初期段階から部品企業に、新製品の情報を流します。部品企業から競合企業へ情報が漏洩（ろうえい）することがあっては、困ります。逆に部品企業側からすれば、開発の早い段階から部品設計データを顧客企業に渡すことにはリスクがあります。顧客企業は、それを使って他の部品企業に製造させることもできるからです。

また、部品設計の詳細や製造工程を顧客企業に知られることによって、価格交渉上も不利になる可能性があります。顧客企業が部品情報を悪用しないという信頼がもてなくては、部品企業はデザイン・インを実施することはできません。

第四に、緊密なコミュニケーションが実施できるインフラが必要です。情報技術の進歩によって、三次元ＣＡＤデータが共用できるシステムを構築するケースが増えています。しかし、それ以上に効果的なのは、部品企業の従業員を顧客企業に派遣して、一緒に製品・部品の開発をするコロケーションです。この方法は一般にはゲストエンジニア制度と呼ばれ、普及が進んでいます。例えばトヨタの開発部門には、部品企業から派遣されたエンジニアが、常時一五〇〇人以上駐在しています。

従来、欧米企業ではデザイン・インは一般的ではありませんでした。調達供給関係にある企業は、疑心暗鬼の関係であり、緊密に協力するパートナーではなかったのです。この点が、一九八〇年代まで日本の製造業が優位性を持つ源泉の一つでした。しかし近年では、日本企業の成功から学習して、デザイン・インを取り入れる欧米企業が増えています。

6 オープン型ネットワークとデザイン・インの両立と選択

ここまでに企業間マネジメントについて次の二つのポイントを説明してきました。一つはオープン型の部品調達ネットワークの活用が競争力の源泉になり得ること、そしてもう一つは、デザイン・インによって開発初期段階から信頼関係をベースに緊密に協力し合って共同開発することの重要性です。したがって、この二つを同時に実現できるようなマネジメントが理想的です。

しかし、これら二つには矛盾する部分もあります。つまり、デザイン・インを実施するためには長期的な関係に裏づけされた信頼関係が必要ですが、オープン型ネットワークでは必ずしも特定企業との長期的な関係は重視されないことです。また、製品開発プロジェクトの初期段階から緊密に共同で開発するためには、部品企業を一社に絞り込むことが必要になり、これもオープン型の複数部品企業との取引とは相容れません。

そこで、これらの矛盾を乗り越えて理想的なネットワークを構築する努力が、新たに必要になります。例えば、オープン型ネットワークの中でも、個々の企業とは信頼関係を重視した緊密な関係をめざすことが重要な場合もあります。

しかし、これをマネジメントすることは非常に難しいものです。したがって、むやみに両方を追求するのではなく、部品特性によって最適な企業間マネジメントを選択することが、現実的なアプローチとなるでしょう。次に、この点を考えてみましょう。

7　製品アーキテクチャ特性と企業間関係の整合性

第Ⅴ章では製品アーキテクチャの特性によって、適切な開発組織が異なることを説明しました。同様に製品アーキテクチャは、適切な企業間関係のあり方にも影響を及ぼします。図7-4にその関係を表しています。

部品間の関係が単純であれば、企業間での調整はあまり必要ありません。極端な例をいえば、完全に規格の決まった乾電池であれば、購入してくるだけでよいわけです。つまり、製品アーキテクチャ特性として、規格化されたモジュール型の部品であれば、デザイン・インのメ

図7-4　製品アーキテクチャ特性と企業間関係

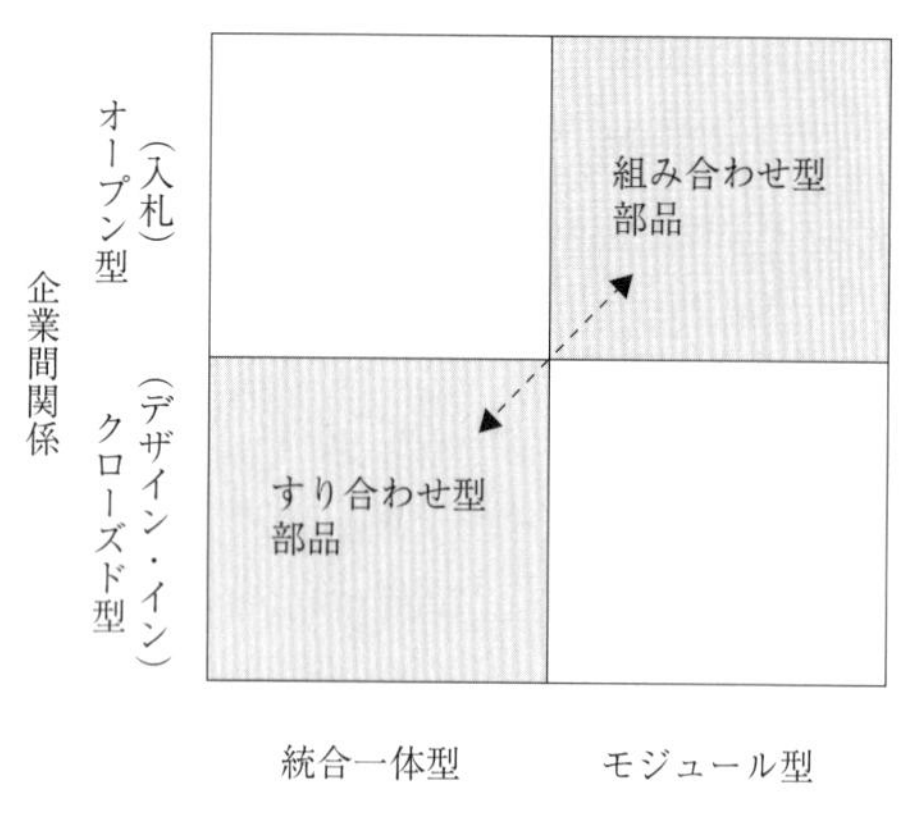

リットよりもオープン型ネットワークのメリットの方が大きいのです。仕様を指定した入札が効果的な場合もあるでしょう。図7-4では、これらの特性を持つ部品を「組み合わせ型部品」と呼んでいます。

例えば、パソコンのハードディスクやCD—ROMなどのデバイスは、モジュールとしてインターフェイスが標準化されています。そのため、製品開発のプロジェクトに初期段階から特定の部品企業に参加してもらう必要性はあまり高くありません。それよりも、市場導入になるべく近い段階で、広い範囲の企業から最適なデバイスを選択できる柔軟性の方が重要です。

一方で、統合一体型アーキテクチャを持った部品はどうでしょうか。製品に組み込む際に部品間で多大な調整が必要な部品です。この場合には、特定の部品企業を選択し、デザイン・インによって開発の初期段階から共同で開発することが重要になります。つまり、企業間関係としては、クローズド型がよいのです。単に組み合わせるだけではなく、すり合わせの調整を行うので、「すり合わせ型部品」と呼びます。

COFFEE BREAK

── 電子商取引市場（e-マーケットプレース）──

部品取引の新たな形態として注目を集めているのが、インターネットを使った共同購買調達システムとしての電子商取引市場です。e-マーケットプレースとも呼ばれます。例えば、米国自動車企業のビッグ３（GM、フォード、ダイムラー・クライスラー）が共同で推進したコビシント（COVISINT）が代表的です。これにはその他、日産、ルノー、PSA プジョーシトロエンなども中心メンバーとして参加し、世界最大のe-マーケットプレースになっています。2000年に開始され、2001年６月末までに、1000社を超える企業が登録しています。インターネットを使った入札が頻繁に行われ、取引金額はすでに２万件、330億ドルを超えています。

e-マーケットプレースは、多くの部品企業から最も低いコストの部品を探索するためには、とても有効です。特に、図７-４でいえば、標準化・モジュール化された部品をオープンネットワークで調達する組み合わせ型部品に適しています。しかし、すり合わせ型部品については、より緊密な企業間関係が必要なために、必ずしも有効だとはいえません。この点が十分に理解されていなかったためか、当初は2000億ドルもの取引をめざしていました。しかし、それは少し過大な期待であったようです。

自動車部品には、このタイプの部品が比較的多くあります。例えばヘッドランプ一つ取っても、外部形状は標準化されておらず、各車種によって全く異なります。その形状を考える際には、ランプの機能だけでなく、ボンネット内の他部品との干渉や熱の問題、外観ではバンパーやラジエターグリルとの整合性の問題など、多くの調整が必要になるのです。

近年の一般的な傾向としては、なるべく部品を標準化・モジュール化し、オープンな部品調達ネットワークを活用するようになっています。組み合わせ型部品であれば、例えばインターネットによる入札を活用して、世界で最適な部品を探索することもできます。

しかし、組み合わせ型の部品ばかりで製品を開発しても、その企業としての差異性を出すことが難しくなります。競争力を持つには内部開発か、または特定の部品企業と協力し合って、独自の部品を開発することが必要です。つまり、すり合わせ型部品をうまく製品に組み込むことによって、差異性の高い製品を開発できるのです。

ある特定の部品について、すり合わせ型と組み合わせ型のどちらを選択するかは、その部品で差異性を追求するのか、それともオープン型ネットワークのメリットを重視するのかという戦略によって決まります。

Ⅷ

持続的な製品開発能力の構築

●持続的な競争力を持つためには、長期的な視点に立った製品開発能力による差異化を追求しなくてはいけません。

●優れた製品開発能力とは、自由と規律、コストと付加価値、専門性と統合性、といった矛盾する目標を高い次元で統合的に解決する仕組みから構成されます。

企業は長期間にわたり安定して高い業績を上げることが求められます。持続的な競争力を持つためには、単発のヒット商品を追い求めるのではなく、長期的な視点に立った製品開発能力による差異化を追求しなくてはいけません。したがって、それは他企業に模倣されにくい組織能力でなくてはいけません。では、どのような視点から製品開発能力の構築を考えればよいのでしょうか。

模倣されにくいことを条件として考えると、「複雑な仕組みで、構築するのに時間がかかる」製品開発能力が求められるといえます。ここでいう複雑な仕組みとは、多元性を持った仕組みのことです。そもそも経営における困難な課題というのは、相反する要因が複雑に絡み合い、単純な目標設定や解決ができないものです。

例えば、単にコストダウンだけを狙った仕組みであれば、競合企業もそこに集中して何とか追いつこうとしてきます。一方、コストと品質、スピードといった複数の要求を統合的に解決するような仕組みは必然的に複雑なものになるため、構築するのに時間がかかり、模倣しにくいのです。

つまり、優れた製品開発能力とは、矛盾する目標を高い次元で統合的に解決させる仕組みから構成されるものです。ただしこれは、複数の要因の間で、単純にバランスをとることや、妥協点を見いだすこととは違います。新しい視点を取り入れ、統合的解決に向けた独自の仕組みを構築することなのです。

以下では、本書で説明してきた内容を中心にして、この「矛盾する目標を高い次元で統合的に解決させる製品開発能力とは」という視点から考えていきます。

1　コア技術戦略に見る自由と規律の両立

技術者の創造力を最大限に活用しつつも、効率の高い製品開発を実施するための仕組みは単純なものではありません。一般には、技術者の自由な発想を重視し、コントロールや規律を最小限にすることが、彼らの創造性を引き出すためには必要だといわれています。これは個々の技術者の多様性や異質性を認めることを意味します。しかし、技術者の自由度を過度に認めると効率や業績が低下するおそれがあります。そこで次に、効率低下を防ぐために、研究者の短期的な業績評価や厳密な技術評価ルールを使って技術者を管理しようとします。しかし、管理を強めると今度は創造性が低下してしまいます。このように多くの企業では、技術・製品開発マネジメントにおいて、自由な創造性と管理の間のバランスで悩んでいます。

しかし、これらの関係は本質的に相反するわけではありません。むしろ補完的なものとして考えることが大事です。つまり、技術者の多様性や自由度を認めるからこそ、それらを束ねるための一層強い管理が必要なのです。逆に、多様性のない金太郎アメのような組織では、彼らを束ねるための規律はあまり必要ありません。

優れた企業では、自由と規律を高い次元で統合するための製品開発能力を持っています。技術者の自由な創造活動をうまく企業業績に結びつけている代表的な企業として、第Ⅲ章では米国の3Mを取り上げました。3Mでは技術者をコントロールすることは最低限にとどめられています。例えば、技術開発が失敗しても責められることはありません。また、上司は技術者が提案した新しいアイデアを決してつぶしてはならないとする文化が、浸透しているのです。

ただし、3Mの自由な創造性のマネジメントは、明確なコア技術戦略が前提となっています。3Mでは、大きな戦略のベクトルがあり、そのベクトルを太くするような技術開発の範疇の中でのみ、自由な発想が強調されるのです。

本来、創造性とは無から何かを創るのではなく、情報や知識を新しい形で結合することです。コア技術戦略はそれを促進するガイドラインです。3Mでは、明確な戦略からなる規律によって技術者の創造性が高揚されているのです。技術ディレクターは、創造は明瞭な定義と秩序があるところで育つ、とも明言しています。

2　マスカスタマイゼーションに見るコストと付加価値の両立

大量生産によるコスト削減と、個別顧客ニーズへの対応による付加価値増大化、これらの相反する課題を解決することを、第Ⅲ章でマスカスタマイゼーションとして説明しました。多くの企業では、明確な戦略や有効な仕組みを持たずに、コストと付加価値を中途半端に妥協させているのが実情です。また、どちらか一方だけに偏った企業も、結局は過当競争に巻き込まれ、期待するような業績を上げていません。

他方で近年、コストと付加価値を戦略的に高いレベルで両立するための製品開発能力と仕組みを持った企業が、高い業績を上げているのです。

多様な顧客にカスタマイズした製品でも、できるだけ共通の技術や部品を活用するためには、設計の工夫においても、組織の柔軟性という点でも、非常に高い開発能力が必要とされます。例えば、村田製作所やキーエンス、ロームなどのように、多くの顧客企業と緊密な関係を築くことによって、カスタマイズと共通化をうまく両立させる能力を構築している企業があります。また、デルは受注生産によって顧客に応じたカスタマイズをしていますが、そこでは限られた種類の最適なデバイスや部品を有効に活用しています。同社はこれを実現するために、優れたサプライチェーンを構築し、多くのデバイス企業との関係をうまくマネジメントする能力を持っているのです。

3　部門横断プロジェクトに見られる専門性と統合の両立

革新的な技術を開発するためには、特定技術部門が長期的な視点から取り組むことが必要です。一方、新製品開発では多様な技術を迅速に結合させて製品化するため、専門性よりも製品としての統合性を重視した組織が求められます。つまり製品開発における大きな課題の一つは、専門分野における新技術開発と、それを組み合わせて製品化するための仕組みを高い次元でバランスさせることにあるのです。

本書において、専門性と統合性を高度にバランスさせる組織マネジメントの一例として取り上げたのは、部門横断プロジェクトの効果的な活用です。しかし、これをうまく実施するためには優れた組織能力が必要です。多くの企業では、研究所や事業部の間に高い壁ができがちです。そのため、開発すべき製品にとって最適なプロジェクトを迅速に構築し、効果的に実行することが難しくなっています。この能力を蓄積する最も効果的な方法は、横断プロジェクトによる製品開発の成功体験を積み重ねることです。

例えば第Ⅴ章で説明したように、シャープでは重要な技術開発や新製品開発の多くが、複数の研究所と事業部から選ばれた人員で構成されるプロジェクトで実施されています。このような組織能力ができたのは、一九七七年から二五年以上にわたってプロジェクト組織を広範囲な製品開発に頻繁に採用してきたからです。その結果、部門間に壁のない文化ができあがったのです。そのような文化がなければ、競合企業が模倣しようと思っても、この組織能力は簡単には構築できません。

4　開発パートナーとの関係に見るオープン化と信頼構築の両立

第Ⅶ章では、製品開発能力の構築において、企業内部だけでなく外部企業との関係も含めて考えることの重要性とその難しさを説明しました。開発パートナーとの関係のあり方について、近年は二つの相反するトレンドが存在します。

一つは、オープン型ネットワークへの方向です。日本的経営の特徴として、系列関係に基づいた長期的な企業間関係の役割は大きいものでした。しかし、技術変化のスピードが高く、企業外部の資源を有効に利用することが重要になってきたために、これまでのように系列的な関係に束縛された経営だけでは競争力の低下を招くようになりました。その結果、系列にとらわれないで、グローバルな視点から最適なパートナーを、戦略的に取捨選択する企業が多くなっています。

一方で、これまで以上に緊密な信頼関係に基づいた企業間関係を構築することによって、デザイン・インを効果的に実行することの重要性も高まっています。製品開発のスピードアップや品質向上を実現するためには、製品開発プロジェクトの初期段階から部品企業と共同で問題解決にあたる必要があります。

しかしこれは、オープン型ネットワークとはある意味でトレードオフの関係にあります。ネットワークを使った開発能力に今後求められるのが、このトレードオフの打破です。つまり、より広範な企業間ネットワークを構築しながらも、個別企業とは信頼関係をベースとしたより高度な共同問題解決が求められるのです。

この点に関して、トヨタのマネジメントは優れています。系列企業と緊密な信頼関係を構築し、グループ企業間で相互学習を促進する仕組みを構築しています。これらについては、世界中の経営学者から高く評価されています。他方で、トヨタは、系列の弊害である硬直的で排他的な側面を回避するマネジメントも併せ持っています。

例えば系列企業に対しては、トヨタの競合企業へも積極的に部品供給することを推奨しています。また最新の技術については、系列にこだわらず積極的に最適な企業と共同開発しています。例えば「プリウス」で使われているハイブリッド車用電池の共同開発において、系列企業ではなく松下電池工業をパートナーとしています。その結果、製品開発においても、トヨタは広範なネットワークを築いているのです。

5　製品開発能力の構築

本書では、よく考えられた独自の製品開発能力を構築することによってのみ、企業は持続的な競争力を持つことができることを強調してきました。そして、矛盾する目標を高い次元で統合的に解決するための製品開発能力について、いくつかの視点を示しました。今後も、これまでにない新たな製品開発の仕組みをつくり、二律背反を高度な視点から解決できる組織能力を持った企業が、次世代の優れた企業になるはずです。

例えば、九〇年代に大きな成功を収めたシスコ・システムズの例でいえば、多くのベンチャー企業の買収によって、それらの開発能力を継続的に吸収しました。それによって、ベンチャー企業の活力や革新技術と、大企業の開発組織や顧客開拓力を組み合わせた、独自の組織能力を構築しました。

今後特に注目されるのは次の二つの視点です。第一は、このシスコ・システムズのような企業外部の開発能力の活用です。今後一社だけでは開発できない製品が次々に出てくることは間違いありません。また、情報インフラや法制度の整備によって、戦略的提携やジョイントベンチャー、M&Aなどもより機動的に活用できるようになっています。したがって、製品開発において外部企業を取り入れた仕組みづくりを図る必要はますます高まっているといえるでしょう。多様な企業との間で、フレキシブルでありながら強固な企業間関係を築くことが課題です。

第二は、情報技術による製品開発の仕組みの根本的な改革です。第Ⅵ章で触れたように、図面情報の中心が二次元から三次元に移行しつつあり、設計や図面の概念自体が変化していきます。これを活用した新しい製品開発の仕組みをつくりあげ、独自の組織能力として構築できれば、持続的な競争力に結びつく可能性は大きいでしょう。この場合も日本企業が誇る人を中心とした組織プロセス能力と、情報技術のパワーをいかにうまく組み合わせるかが、鍵となります。

参考文献

- 浅田篤（一九九六）「シャープ株式会社　特長のある商品とデバイスのスパイラルアップ」山之内昭夫編著『テクノマーケティング戦略』第三章　産能大学出版部。
- クレイトン＝クリステンセン（二〇〇一）『イノベーションのジレンマ　技術革新が巨大企業を滅ぼすとき』（伊豆原弓訳）翔泳社。
- 藤本隆宏・キム＝クラーク（一九九三）『製品開発力　日米欧自動車メーカー20社の詳細調査』（田村明比古訳）ダイヤモンド社。
- 藤本隆宏・安本雅典編（二〇〇〇）『成功する製品開発　産業間比較の視点』有斐閣。
- 藤本隆宏・武石彰・青島矢一編（二〇〇一）『ビジネス・アーキテクチャ　製品・組織・プロセスの戦略的設計』有斐閣。
- 古田健二（二〇〇一）『テクノロジーマネジメントの考え方・すすめ方』中央経済社。
- ゲイリー＝ハメル・C＝K＝プラハラード（一九九五）『コア・コンピタンス経営　大競争時代を勝ち抜く戦略』（一条和生訳）日本経済新聞社。
- 一橋大学イノベーション研究センター編（二〇〇一）『マネジメント・テキスト　イノベーション・マネジメント入門』日本経済新聞社。

- リチャード＝フォスター（一九八七）『イノベーション』（大前研一訳）ＴＢＳブリタニカ。
- 伊丹敬之他編（一九九八）『日本企業の経営行動3　イノベーションと技術蓄積』有斐閣。
- 丹羽清・山田肇編（一九九九）『技術経営戦略』生産性出版。
- 延岡健太郎（一九九六）『マルチプロジェクト戦略　ポストリーンの製品開発マネジメント』有斐閣。
- ジョー＝パイン（一九九四）『マスカスタマイゼーション革命　リエンジニアリングが目指す革新的経営』（江夏健一・坂野友昭訳）日本能率協会マネジメントセンター。
- 嶋口充輝他編（一九九九）『マーケティング革新の時代2　製品開発革新』有斐閣。
- 新宅純二郎（一九九四）『日本企業の競争戦略』有斐閣。
- 竹田陽子（二〇〇〇）『プロダクト・リアライゼーション戦略　3次元情報技術が製品開発組織に与える影響』白桃書房。
- 竹田陽子・青島矢一・延岡健太郎（二〇〇二）「新世代3次元ＣＡＤの導入と製品開発プロセスへの影響　２００１年度版」日本学術振興会　未来開拓学術研究推進プロジェクト　ＩＴＭＥディスカッションペーパー。
- ジェームズ＝アッターバック（一九九八）『イノベーション・ダイナミクス　事例から学ぶ技術戦略』（大津正和・小川進監訳）有斐閣。

マ　行

ヤ　行

ラ　行

タ　行

ナ　行

ハ　行

サ　行

索　引

欧　文

ア　行

カ　行

日経文庫案内（1）

〈A〉経済・金融

1 経済指標の読み方(上)　日本経済新聞社
2 経済指標の読み方(下)　日本経済新聞社
3 貿易の知識　小峰・村田
5 外国為替の実務　三菱UFJリサーチ&コンサルティング
6 貿易為替用語辞典　東京リサーチインターナショナル
7 外国為替の知識　国際通貨研究所
8 金融用語辞典　深尾光洋
18 リースの知識　宮内義彦
19 株価の見方　日本経済新聞社
21 株式用語辞典　日本経済新聞社
22 債券取引の知識　武内浩二
24 株式公開の知識　加藤・松野
26 EUの知識　藤井良広
36 環境経済入門　三橋規宏
40 損害保険の知識　玉村勝彦
42 証券投資理論入門　大村・俊野
44 証券化の知識　大橋和彦
45 入門・貿易実務　椿弘次
49 通貨を読む　滝田洋一
52 石油を読む　藤和彦
56 デイトレード入門　廣重勝彦
58 中国を知る　遊川和郎
59 株に強くなる 投資指標の読み方　日経マネー
60 信託の仕組み　井上聡
61 電子マネーがわかる　岡田仁志
62 株式先物入門　廣重勝彦
64 FX取引入門　廣重・平田
65 資源を読む　柴田明夫・丸紅経済研究所
66 PPPの知識　町田裕彦
68 アメリカを知る　実哲也
69 食料を読む　鈴木・木下
70 ETF投資入門　カン・チュンド
71 レアメタル・レアアースがわかる　西脇文男
72 再生可能エネルギーがわかる　西脇文男
73 デリバティブがわかる　可児・雪上
74 金融リスクマネジメント入門　森平爽一郎
75 クレジットの基本　水上宏明
76 世界紛争地図　日本経済新聞社
77 やさしい株式投資　日本経済新聞社
78 金融入門　日本経済新聞社
79 金利を読む　滝田洋一
80 医療・介護問題を読み解く　池上直己
81 経済を見る3つの目　伊藤元重
82 国際金融の世界　佐久間浩司
83 はじめての海外個人投資　廣重勝彦
84 はじめての投資信託　吉井崇裕
85 フィンテック　柏木亮二
86 はじめての確定拠出年金　田村正之
87 銀行激変を読み解く　廉了
88 仮想通貨とブロックチェーン　木ノ内敏久
89 シェアリングエコノミーまるわかり　野口功一
90 日本経済入門　藤井彰夫
91 テクニカル分析がわかる　古城鶴也

〈B〉経営

25 在庫管理の実際　平野裕之
28 リース取引の実際　森住祐治
33 人事管理入門　今野浩一郎
41 目標管理の手引　金津健治
42 OJTの実際　寺澤弘忠
53 ISO9000の知識　中條武志
63 クレーム対応の実際　中森・竹内
70 製品開発の知識　延岡健太郎
74 コンプライアンスの知識　髙巖
76 人材マネジメント入門　守島基博
77 チームマネジメント　古川久敬
80 パート・契約・派遣・請負の人材活用　佐藤博樹
82 CSR入門　岡本享二
83 成功するビジネスプラン　伊藤良二
85 はじめてのプロジェクトマネジメント　近藤哲生
86 人事考課の実際　金津健治
87 TQM品質管理入門　山田秀
88 品質管理のための統計手法　永田靖

89 品質管理のためのカイゼン入門　山田　秀
91 職務・役割主義の人事　長谷川直紀
92 バランス・スコアカードの知識　吉川武男
93 経営用語辞典　武藤泰明
95 メンタルヘルス入門　島　悟
96 会社合併の進め方　玉井裕子
98 中小企業のための事業承継の進め方　松木謙一郎
99 提案営業の進め方　松丘啓司
100 EDIの知識　流通システム開発センター
102 公益法人の基礎知識　熊谷則一
103 環境経営入門　足達英一郎
104 職場のワーク・ライフ・バランス　佐藤・武石
105 企業審査入門　久保田政純
106 ブルー・オーシャン戦略を読む　安部義彦
107 パワーハラスメント　岡田・稲尾
108 スマートグリッドがわかる　本橋恵一
109 BCP〈事業継続計画〉入門　緒方・石丸
110 ビッグデータ・ビジネス　鈴木良介
111 企業戦略を考える　淺羽・須藤
112 職場のメンタルヘルス入門　難波克行
113 組織を強くする人材活用戦略　太田　肇

114 ざっくりわかる企業経営のしくみ　遠藤　功
115 マネジャーのための人材育成スキル　大久保幸夫
116 会社を強くする人材育成戦略　大久保幸夫
117 女性が活躍する会社　大久保・石原
118 新卒採用の実務　岡崎仁美
119 IRの成功戦略　佐藤淑子
120 これだけは知っておきたいマイナンバーの実務　梅屋真一郎
121 コーポレートガバナンス・コード　堀江貞之
122 IoTまるわかり　三菱総合研究所
123 成果を生む事業計画のつくり方　平井・淺羽
124 AI（人工知能）まるわかり　古明地・長谷
125 「働き方改革」まるわかり　北岡大介
126 LGBTを知る　森永貴彦
127 M&Aがわかる　知野・岡田
128 「同一労働同一賃金」はやわかり　北岡大介
129 営業デジタル改革　角川　淳
130 全社戦略がわかる　菅野　寛
131 5Gビジネス　亀井卓也
132 SDGs入門　村上・渡辺
133 いまさら聞けないITの常識　岡嶋裕史

〈C〉 会計・税務

1 財務諸表の見方　日本経済新聞社
2 初級簿記の知識　山浦・大倉
4 会計学入門　桜井久勝
12 経営分析の知識　岩本　繁
13 Q&A経営分析の実際　川口　勉
23 原価計算の知識　加登・山本
41 管理会計入門　加登　豊
48 時価・減損会計の知識　中島康晴
49 Q&Aリースの会計・税務　井上雅彦
50 会社経理入門　佐藤裕一
51 企業結合会計の知識　関根愛子
52 退職給付会計の知識　泉本小夜子
53 会計用語辞典　片山・井上
54 内部統制の知識　町田祥弘
56 減価償却がわかる　都・手塚
57 クイズで身につく会社の数字　田中靖浩
58 これだけ財務諸表　小宮一慶
59 ビジネススクールで教える経営分析　太田康広
60 Q&A軽減税率はやわかり　日本経済新聞社

〈D〉 法律・法務

2 ビジネス常識としての法律　堀・淵邊
3 部下をもつ人のための人事・労務の法律　安西　愈
4 人事の法律常識　安西　愈

6 取締役の法律知識　中島　茂
11 不動産の法律知識　鎌野邦樹
14 独占禁止法入門　厚谷襄児
20 リスクマネジメントの法律知識　長谷川俊明
22 環境法入門　畠山・大塚・北村
24 株主総会の進め方　中島　茂
26 個人情報保護法の知識　岡村久道
27 倒産法入門　田頭章一
28 銀行の法律知識　階・渡邉
29 債権回収の進め方　池辺吉博
30 金融商品取引法入門　黒沼悦郎
31 会社法の仕組み　近藤光男
32 信託法入門　道垣内弘人
34 労働契約の実務　浅井　隆
35 不動産登記法入門　山野目章夫
36 保険法入門　竹濵　修
37 契約書の見方・つくり方　淵邊善彦
40 労働法の基本　山川隆一
41 ビジネス法律力トレーニング　淵邊善彦
42 ベーシック会社法入門　宍戸善一
43 Q&A部下をもつ人のための労働法改正　浅井　隆
44 フェア・ディスクロージャー・ルール　大崎貞和
45 はじめての著作権法　池村　聡

〈E〉流通・マーケティング

6 ロジスティクス入門　中田信哉
16 ブランド戦略の実際　小川孔輔
20 エリア・マーケティングの実際　米田清紀
23 マーチャンダイジングの知識　田島義博
28 広告入門　梶山　皓
30 広告用語辞典　日経広告研究所
34 セールス・プロモーションの実際　渡辺・守口
35 マーケティング活動の進め方　木村達也
36 売場づくりの知識　鈴木哲男
39 コンビニエンスストアの知識　木下安司
40 CRMの実際　古林　宏
41 マーケティング・リサーチの実際　近藤・小田
42 接客販売入門　北山節子
43 フランチャイズ・ビジネスの実際　内川昭比古
44 競合店対策の実際　鈴木哲男
46 マーケティング用語辞典　和田・日本マーケティング協会
48 小売店長の常識　木下・竹山
49 ロジスティクス用語辞典　日通総合研究所
50 サービス・マーケティング入門　山本昭二
51 顧客満足［CS］の知識　小野譲司
52 消費者行動の知識　青木幸弘
53 接客サービスのマネジメント　石原　直
54 物流がわかる　角井亮一
55 最強販売員トレーニング　北山節子
56 オムニチャネル戦略　角井亮一
57 ソーシャルメディア・マーケティング　水越康介
58 ロジスティクス4.0　小野塚征志

〈F〉経済学・経営学

3 ミクロ経済学入門　奥野正寛
4 マクロ経済学入門　中谷　巌
7 財政学入門　入谷　純
8 国際経済学入門　浦田秀次郎
15 経済思想　八木紀一郎
16 コーポレートファイナンス入門　砂川伸幸
22 経営管理　野中郁次郎
23 経営戦略　奥村昭博
28 労働経済学入門　大竹文雄
29 ベンチャー企業　松田修一
30 経営組織　金井壽宏
31 ゲーム理論入門　武藤滋夫
33 経営学入門(上)　榊原清則
34 経営学入門(下)　榊原清則
36 経営史　安部悦生
37 経済史入門　川勝平太
38 はじめての経済学(上)　伊藤元重
39 はじめての経済学(下)　伊藤元重
40 組織デザイン　沼上　幹
51 マーケティング　恩蔵直人
52 リーダーシップ入門　金井壽宏

47 プレゼンテーションの技術　山本御稔
48 ビジネス・ディベート　茂木秀昭
49 戦略思考トレーニング　鈴木貴博
50 戦略思考トレーニング2　鈴木貴博
51 ロジカル・ライティング　清水久三子
52 クイズで学ぶコーチング　本間正人
53 戦略的交渉入門　田村・隅田
54 戦略思考トレーニング3　鈴木貴博
55 仕事で使える心理学　榎本博明
56 言いづらいことの伝え方　本間正人
57 ビジネスマンのための 国語力トレーニング　出口汪
58 数学思考トレーニング　鍵本聡
59 発想法の使い方　加藤昌治
60 企画のつくり方　原尻淳一
61 仕事で恥をかかない 日本語の常識　日本経済新聞出版社
62 戦略思考トレーニング 経済クイズ王　鈴木貴博
63 モチベーションの新法則　榎本博明
64 仕事で恥をかかないビジネスマナー　岩下宣子
65 コンセンサス・ビルディング　小倉広
66 キャリアアップのための戦略論　平井孝志
67 心を強くするストレスマネジメント　榎本博明
68 営業力 100本ノック　北澤孝太郎
69 ビジネス心理学 100本ノック　榎本博明
70 これからはじめるワークショップ　堀公俊

ベーシック版

マーケティング入門　相原修
不動産入門　日本不動産研究所
日本経済入門　岡部直明
貿易入門　久保広正
経営入門　高村寿一
環境問題入門　小林・青木
流通のしくみ　井本省吾

ビジュアル版

マーケティングの基本　野口智雄
経営の基本　武藤泰明
流通の基本　小林隆一
経理の基本　片平公男
貿易・為替の基本　山田晃久
日本経済の基本　小峰隆夫
金融の基本　高月昭年
品質管理の基本　内田治
IT活用の基本　内山力
マネジャーが知っておきたい 経営の常識　内山力
キャッシュフロー経営の基本　前川・野寺
企業価値評価の基本　渡辺茂

IFRS［国際会計基準］の基本　飯塚・前川・有光
マーケティング戦略　野口智雄
経営分析の基本　佐藤裕一
仕事の常識&マナー　山崎紅
はじめてのコーチング　市瀬博基
ロジカル・シンキング　平井・渡部
仕事がうまくいく 会話スキル　野口吉昭
使える！ 手帳術　舘神龍彦
ムダとり 時間術　渥美由喜
ビジネスに活かす統計入門　内田・兼子・矢野
ビジネス・フレームワーク　堀公俊
アイデア発想フレームワーク　堀公俊
図でわかる会社法　柴田和史
資料作成ハンドブック　清水久三子
マーケティング・フレームワーク　原尻淳一
図でわかる経済学　川越敏司
7つの基本で身につく エクセル時短術　一木伸夫
AI（人工知能）　城塚音也
ゲーム理論　渡辺隆裕
働き方改革　岡崎淳一

延岡 健太郎（のべおか・けんたろう）

1959年　広島県生まれ
　81年　大阪大学工学部精密工学科卒業
同　年　マツダに入社
　88年　マサチューセッツ工科大学より経営学修士取得
　93年　マサチューセッツ工科大学よりPh.D（経営学博士）取得
　94年　神戸大学経済経営研究所助教授
　99年　神戸大学経済経営研究所教授
2008年　一橋大学イノベーション研究センター教授
現　在　大阪大学大学院経済学研究科教授
主　著　『マルチプロジェクト戦略』（日経・経済図書文化賞，有斐閣，1996年）
Thinking Beyond Lean（共著，中国語，韓国語，仏語へも翻訳，Free Press, 1998年）
『マネジメント・テキスト MOT［技術経営］入門』（日本経済新聞出版社，2006年）
『価値づくり経営の論理』（日本経済新聞出版社，2011年）

日経文庫862

製品開発の知識

2002年9月9日　1版1刷
2020年7月28日　　16刷

著　者　延岡 健太郎
発行者　白石　賢
発　行　日経BP
日本経済新聞出版本部
発　売　日経BPマーケティング
〒105-8308　東京都港区虎ノ門4-3-12

印　刷　東光整版印刷
製　本　積信堂
 ISBN 978-4-532-10862-5
Printed in Japan